教師は二度、教師になる

野田正彰
NODA Masaaki

君が代処分で
喪《うしな》ったもの

太郎次郎社エディタス

はじめに――教師への信頼をとり戻す

東京都教育委員会は二〇〇三年十月二十三日、「入学式、卒業式等における国旗掲揚及び国歌斉唱の実施について」と題する通達を全都立学校に出した。この通達のもとに、二〇〇四年三月より多くの教師が処分されていった。

教育基本法第十条「教育行政」では、「教育は、不当な支配に服することなく、国民全体に対し直接に責任を負って行われるべきものである」と定めている。続けて第二項で、「教育行政は、この自覚のもとに、教育の目的を遂行するに必要な諸条件の整備確立を目標として行われなければならない」と明記している。教育委員会による教育行政は、あくまでも諸条件の整備確立である。それは「教育勅語」によって、天皇制国家主義の徳目を学ぶように命じた戦前の教育行政への深い反省に立っていた。

教育基本法を無効とし、憲法第十九条「思想及び良心の自由」をも認めない「10・23通達」に対し、東京都の教師たちは「国歌斉唱義務不存在確認等請求」、いわゆる「予防訴訟」を起こした。裁判中も都教委は職務命令違反を理由とする処分を止《や》めず、大量処分が続いた。それに対して、処分取消請求が二〇〇七年二月（第一次、百七十三名）、同年九月（第二次、六十七名）に提訴された。

　私は予防訴訟において「君が代」強制の一連の教育行政が教師たちの精神にどのような影響をもたらしているか、精神医学的意見書の作成を求められ、東京地裁に提出。二〇〇六年九月二十一日、東京地裁は原告教師たちの訴えを認め、憲法十九条および教育基本法十条に違反すると判決した。そのうえで、「国旗に向かって起立し、国歌を斉唱するか否か、ピアノ伴奏をするか否かの岐路に立たされたこと、あるいは自らの思想・良心に反して本件通達及びこれに基づく各校長の本件職務命令に従わされたことにより、精神的損害を被ったことが認められる」とし、「これらの損害額は、前記違法行為の態様、被害の程度を総合考慮すれば、一人当たり三万円を下らないものと認定するのが相当であり、当該判断を覆すに足る証拠は存在しない」と命じた。

　続いて二〇〇八年六月、私は、東京都の「懲戒処分取消等請求事件」弁護団（担当、澤藤統一郎、白井剣、平松真二郎弁護士ら）より、東京都における「日の丸・君が代」の強制に関連した懲戒処分が、教師たちの精神状態や職業倫理にどのような影響をもたらしているか、精神医学的見地からの診察意見書を求められた。そこで私は四日間にわたって上京し、その日に都合のついた（とくに選んだわけではない）十三人の原告を面接し、意見書を作成。二〇〇九年二月十八日、東京地裁で証言した。

本書は、この意見書を編集したものである。

◉

広島県東部、県立世羅《せら》高等学校の石川敏浩校長が、広島県教育委員会の辰野裕一教育長に「君が代」斉唱実施を執拗に強制され、自殺したのは一九九九年二月であった。石川校長の自殺について、のちに私は検証にあたった。以来、理不尽な命令教育行政に苦しむ多数の先生の話を聞き、面接、調査して意見書を書くようになった。自殺した教師遺族の相談助言も少なくない。広島県尾道市における民間人校長、慶徳和宏さんの自殺についても、広島県教職員組合より調査を求められ、直後より真相究明にあたった。のちに石川校長も、慶徳校長も、公務災害が認められている。さらに、東京都の増田都子さん（中学、社会科教師）、福岡陽子さん（音楽）、佐藤美和子さん（音楽）、根津公子さん（家庭）、河原井純子さん（養護）、そして予防訴訟と処分取消の集団訴訟について、私は精神医学的意見書を作成してきた。すでに十年、ここまで教育問題にかかわるとは、当初思いもよらなかったことである。

政治（教育行政）によって教師が抑圧され、心身ともに苦しんでいる。この社会問題への関与は、精神病理学と社会精神医学の課題である。ペイシェント（耐え忍ぶ人）とは個人として苦しんでいる人だけでなく、その社会において苦しんでいる人である。個人の苦しみを分析していても、社会病理は見えてくる。ましてや、訪ねてくるペイシェントを診察室で待つことから一歩踏みだし、出かけていって社会のなかで人間を抑圧するものを調べれば、それまで矮小化されていた問題がはっきり見えてくる。子どもとともに生きようと決めて教職を選んだ有為の人びとを抑うつ状態にするのは、個人の素質ではなく、個人にかかる理不尽な圧力である。こうしてこの十年間、頼まれるままに、「日の丸」「君が代」強制によって苦しむ教師たちの精神医学にかかわってきた。

この間の論考は、『させられる教育——思考途絶する教師たち』（二〇〇二年六月・岩波書店）、続いて『子どもが見ている背中——良心と抵抗の教育』（二〇〇六年十月・岩波書店）にまとめられている。主として『させられる教育』では教育行政の悪行が書かれ、『子どもが見ている背中』では苦しむ教師の精神状態が分析されている。政治を変えねばならない、文部科学省の政策を変えないかぎり、教師たちの精神状態はよくならない。私は上記二冊を書いて、新たに述べることはないと思っていた。

しかし東京都立高校の先生たちの面接を終え、もう一度、人はいかにして教師になるのか、世の親たちに知ってほしいと思うようになった。戦後の日本では、教師を否定的に評価する言説が一般化している。教育勅語を廃止された保守支配層が、妄執をいだいて教師および日教組を攻撃してきた。高度経済成長が止まると、人びとの不満のはけ口、公然と悪口を言える対象として、教師および日教組は使われてきた。支配層が貧しい庶民を騙《だま》し、怒りを政府に向けさせないための装置とされてきた。先の衆議院議員選挙でも、あいかわらず自民党は新聞の一面広告で、「日本を壊すな」として「偏った教育の日教組に、子供たちの将来を任せてはいけない」と叫んでいた。教育政策は政府・文科省が出すのであり、教職員組合が「偏った教育」をおこなえるわけがない。「子供たちの将来を任せ」られることも、制度上ありえない。こうして最後まで意味不明の罵声を残して、自民党は潰《つい》えていった。

◉

私たちは、このような妄執からいいかげんに脱却しなければならない。多数の優秀な青年を試験によって教員に採用したのは、文科省に管理された各都道府県・政令指定都市の教育委員会である。気に入った者を採用しておいてすぐ、彼らは偏向している、能力がないと非難するのはおかしくないか。子どもの教育に直接あたる教師を、教育にたずさわっていない教育行政の管理者たちが非難するのは悪しきことである。それは会社人間の父親が、「おまえの教育が悪い」と言って妻を非難する関係に似ている。

人は信頼されることによって、自分の役割を自覚する。教師は子どもを信頼し、個々の子どもの発達、可能性に感動しながら、教師であり続ける。にもかかわらず、教師を非難し、つねに何重にも管理し、使用人とみなして、どうして教育が成り立つのか。非難のなかから、人間を信頼できる子どもが育つのか。

教師総体を罵《ののし》る政治家、県知事は少なくない。彼らが口にする教育たるものは、受験の成績でしかない。家庭環境に恵まれない子ども、障害をもった子ども、思春期の生き方に悩む子どもの教育について、選挙演説で述べる人を私は知らない。それら広範囲な教育についてはは無知でもよい、教師たちが勝手にやるだろうと思っているかのようだ。

本書を読んで、教師を非難しながら教育をしてもらう愚に気づいてほしい。十三人の先生たちの生き方をとおして、教師はいかにして教師になるのか、知ってほしい。教師への尊敬をとり戻してほしい、と願っている。

確かに働く意欲なく、管理職にすりより、生徒への暴力やセクハラをくり返す教師もいる。だが有為の青年をそんな中年に変えていったのは、教育行政であり、今日の学校文化にほかならない。それを変えるのは、まず教育に直接たずさわっている教師への尊敬、信頼である。私たちが教師を尊敬することによって、子どもたちは人間への信頼を育み、学校は楽しいところになり、教師は仕事に充実感をもつ。文部科学大臣、教育委員（とりわけ教育長）は教師への信頼を組織化できる人でなければならない。教員の資質の充実、質の高い教育は、教育者への信頼から始まる。これまでは、その逆がおこなわれてきたのである。しかも、信頼できない人びとを信頼しようと言っているのではない。十三人の先生の生き方は、私たちの無知をかならず教えてくれるだろう。

二〇〇九年九月

野田正彰

目次

II 体育教師たちの想い

III

生徒と生きる

IV

喪《うしな》われたものは何か

本文中の年齢・肩書きは二〇〇九年八月時点のものです。

15教指企第569号
平成15年10月23日

都立高等学校長殿
都立盲・ろう・養護学校長殿

東京都教育委員会教育長
横山　洋吉

入学式、卒業式等における
国旗掲揚及び国歌斉唱の実施について(通達)

東京都教育委員会は、児童・生徒に国旗及び国歌に対して一層正しい認識をもたせ、それらを尊重する態度を育てるために、学習指導要領に基づき入学式及び卒業式を適正に実施するよう各学校を指導してきた。

これにより、平成12年度卒業式から、すべての都立高等学校及び都立盲・ろう・養護学校で国旗掲揚及び国歌斉唱が実施されているが、その実施態様には様々な課題がある。このため、各学校は、国旗掲揚及び国歌斉唱の実施について、より一層の改善・充実を図る必要がある。

ついては、下記により、各学校が入学式、卒業式等における国旗掲揚及び国歌斉唱を適正に実施するよう通達する。

なお、「入学式及び卒業式における国旗掲揚及び国歌斉唱の指導について」(平成11年10月19日付11教指高第203号、平成11年10月19日付11教指心第63号)並びに「入学式及び卒業式などにおける国旗掲揚及び国歌斉唱の指導の徹底について」(平成10年11月20日付10教指高第161号)は、平成15年10月22日限り廃止する。

記

1　学習指導要領に基づき、入学式、卒業式等を適正に実施すること。

2　入学式、卒業式等の実施に当たっては、別紙「入学式、卒業式等における国旗掲揚及び国歌斉唱に関する実施指針」のとおり行うものとすること。

3　国旗掲揚及び国歌斉唱の実施に当たり、教職員が本通達に基づく校長の職務命令に従わない場合は、服務上の責任を問われることを、教職員に周知すること。

別紙

入学式、卒業式等における
国旗掲揚及び国歌斉唱に関する実施指針

1　国旗の掲揚について

入学式、卒業式等における国旗の取扱いは、次のとおりとする。

(1) 国旗は、式典会場の舞台壇上正面に掲揚する。

(2) 国旗とともに都旗を併せて掲揚する。この場合、国旗にあっては舞台壇上正面に向かって左、都旗にあっては右に掲揚する。

(3) 屋外における国旗の掲揚については、掲揚塔、校門、玄関等、国旗の掲揚状況が児童・生徒、保護者その他来校者が十分認知できる場所に掲揚する。

(4) 国旗を掲揚する時間は、式典当日の児童・生徒の始業時刻から終業時刻とする。

2　国歌の斉唱について

入学式、卒業式等における国歌の取扱いは、次のとおりとする。

(1) 式次第には、「国歌斉唱」と記載する。

(2) 国歌斉唱に当たっては、式典の司会者が、「国歌斉唱」と発声し、起立を促す。

(3) 式典会場において、教職員は、会場の指定された席で国旗に向かって起立し、国歌を斉唱する。

(4) 国歌斉唱は、ピアノ伴奏等により行う。

3　会場設営等について

入学式、卒業式等における会場設営等は、次のとおりとする。

(1) 卒業式を体育館で実施する場合には、舞台壇上に演台を置き、卒業証書を授与する。

(2) 卒業式をその他の会場で行う場合には、会場の正面に演台を置き、卒業証書を授与する。

(3) 入学式、卒業式等における式典会場は、児童・生徒が正面を向いて着席するように設営する。

(4) 入学式、卒業式等における教職員の服装は、厳粛かつ清新な雰囲気の中で行われる式典にふさわしいものとする。

いずれも原本をもとに作成。出典：東京都教育委員会ホームページ

人はいかにして教師になるのか

教師の成熟のプロセス

教師になる、とはどういうことだろうか。

私はそこにふたつの段階があると思う。

ひとつめは、文字どおり資格をとって教師という職業につく、という段階。子どもを教える仕事に何かのきっかけで関心をもった若者が、教職課程を修了し、各都道府県や政令指定都市の教員採用試験に合格し、採用され、学校現場での仕事につく。そこで教科をよりよく教えられるようになる、それが教師の仕事であると、若い先生は考える。一般的に、そう思われている。

しかし、単線的な経験の積み重ねで、ひとりの教師ができあがっていくわけではない。教師とは、子どもに知識を注入するための労働者でもなければ、最初から聖なる仕事を与えられている聖職者でもない。

一生懸命に教科を教えようとしてきたひとりの教師が、さまざまな問題を抱えながら生きる子どもたちと接するなかで、あるときひとつの課題につきあたる。子どもたちは学習過程のどこで、なぜ、つまずくのか。困難な生活環境に生きる彼らとどんな関係をつくればいいか。彼らはどんな思考力を、またこの社会で生きる力をどう身につけていけばよいのか。そうしたことを考える道程から、それまでもっていた自身の教育観が壊される。

そこから一人ひとり、確かな子ども像と対になった教師像をつかみとっていく過程に、「教師になる」ということの第二の段階がある。教育大学に並んでいた借りものの教師像を捨て、教師という生き方に魂が入るときである。

その過程にはいろいろな体験がある。

たとえば、荒れた学校に勤め、思春期の子どもたちの性の問題に直面したり、彼らの自己評価の低さに直面したりするなかで、子どもたちの生きざまや彼らのおかれている環境について考え、それを教育実践に生かしていく、という過程をたどる人もいる。

養護学校（現・特別支援学校）に勤め、知的・身体的な障害をもつ子どもたちとかかわるなかで、一人ひとりの家庭の問題や彼らの可能性を阻んでいる社会のあり方をともに考え、教育とは何かを発見していく人もいる。

共通しているのは、子どもたちが対等な人間関係を築けるように支援し、教師もまたその関係に入っていくことによって、個々の子どもの可能性がひらかれていく、という発見である。そのとき、

「生きていくためにはさまざまな障害もあるが、自分なりに考え、判断し、人との横のつながりをつくりながら生きてほしい」という思いが子どもに伝わっている。

それが教師になるということであり、教師としての倫理を確立していくプロセスである、と思う。

何が否定されたのか

本書で報告する十三人の先生たちはみな、強制と命令によって進行する教育行政のなかで、自身の獲得してきた職業倫理を打ち砕かれたという強い喪失感をもっている。その喪失感が精神的な苦痛を呼び、身体的な症状になってあらわれている。いずれも、二十年、三十年にもわたる教師生活のなかで職業倫理を確立してきた人たちである。

彼らの多くが、東京都教育委員会による「10・23通達」――「入学式、卒業式等における国旗掲揚及び国歌斉唱の実施について」（二〇〇三年十月二十三日）――が出されたとき、以前から進行していた教育行政への不安が、この通達で現実化した、という受けとめ方をしている。子どもとのかかわりのなかで教育の営みをする、その基本がしだいに蝕まれ解体されていくという不安を抱いていたところへ、「10・23通達」が出された。強制と命令によって、教師としての倫理の解体が進行する。この「解体」とは、強いられる側にとっては理念の「喪失」である。

命令によって教育は成り立つか。教師が教室へ入っていき、生徒に「これをしなさい」と命じることで教育が成り立つのであれば、それはだれでもできる。しかし、教育というのは、個々の子どもの思いや環境の全体を理解しつつ、子どもと納得しあいながら進行していく営みであるはずだ。範を示すとは、そういうことだ。

式典時に立つか、立たないかだけで、教師がふるいわけられる。そのことに耐えられない教師たちがいる。精神的自由の喪失を感じ、耐えられず、心身を傷つける教師こそが、今日の教育を支えてきたのである。

君が代の流れるたった四十秒をなぜやりすごせないのか、起立斉唱が嫌でも「ふり」をすればいいではないか、と言う人が少なからずいる。それは、若者が教師を志し、経験を積んで教育の本質を知るに至る二段階のプロセスに対して、無知であることを示している。

これはけっして君が代斉唱時の起立・不起立だけの、また学校教育だけの問題ではない。私たちの社会全体が、個々の人間の倫理に価値をおかなくなっているからではないのか。

恣意的な価値がそのときどきの強者の意思に応じて押しつけられ、教師はそれに従わされる。それで教育が成り立つと思い込むような社会は、早晩、人間としての倫理の解体をも容認するようになるだろう。教師たちの苦悩は、そのことを問いかけている。

I 教育観と強制

障害をもって生きる子も、若くして自分はだめだと思い込んでしまう子も、国籍による差別を受ける子も、同じように、彼らをとりまく環境がその子の発達と可能性を阻む「障害」となっている。教育とは、そうした障害にたち向かう力を育てることである。教師たちは長い経験のなかで、確かな教育観をつかみとる。

全人格的に子どもとかかわりながら教育観を形成し、数十年を生きてきた教師の日常に、「10・23通達」が下りてくる。「教師としての生き方が、強い力で打ち壊される、こんなことが起こっていいはずない」。しかし、現実に卒業式は迫ってくる。

従うわけにはいかない、だから起立したくない。しかし、起立しなければ処分され、生きがいである教師という職業が奪われるかもしれない。強い葛藤の日々。

彼らはどんな環境で育ち、なぜ教師という職業を選び、どのようにしてみずからの職業倫理を確立していったのか。強制と処分は何をもたらしたのか。

「障害」の意味を問う

堀公博さん（六十一歳・処分時五十六歳）
一九七二年三月　A大学外国語学部インドシナ語学科卒業
一九七三年四月～一九八八年三月　都立須賀盲学校教諭
一九八八年四月～一九八九年三月　都立巴養護学校教諭
一九八九年四月～一九九九年三月　都立武蔵野工業高等学校教諭
一九九九年四月～二〇〇六年三月　都立古谷商業高等学校教諭
二〇〇六年四月～二〇〇八年三月　都立滝登高等学校教諭
二〇〇八年三月　定年退職

＊学校名はすべて仮名

教師をめざしたきっかけ

堀公博さんは小・中学校時代、他人とあまり遊ぶこともなく、どちらかといえば教室の片隅でひとりじっとして毎日を送る少年だった。中学に上がると成績がよくなり、教師から注目されるようになった。教師から、親元を離れ、有名な他県の私立進学高校を受けてみたらと勧められ、言われるままに受験し合格した。その高校は成績一本槍、「なんで勉強するのか」と考えたが、答えは見つからなかった。内向きの性格は小・中学校時代と変わらず、自己嫌悪感も強かった。

英語が好きでアジアに関心があったこともあり、A大学インドシナ語学科に進んだ。先輩から誘われてセツルメント・サークル★に入り、大学生活の六年間、子どもたちと出会った体験の数々が教師志望のきっかけとなった。

毎週の子どもたちとの交流は、橋の下で生きる子どもや、親がいるのかいないのかわからないような子どもたちの勉強をみる、ということ以上に多くの発見があった。貧困のなかで生きる部落の子どもたちに接して、社会のことを考えはじめた。「自分はダメな人間だ」という子どもたちのつぶやきに対して、「成績が悪いのは君のせいじゃないよ。こんな環境で勉強できるわけないじゃないか」と励ましている自分がいた。目のまえの子どもたちだけでなく、ひ弱な自分をも励まそうとしていることに気がついた。そのとき自分を初めてかえりみることができ、同時に社会が見えてきた。教師になろうと思うようになっていた。

★セツルメント――貧困地域の生活改善などに取り組む活動。日本では一九二三（大正十二）年の関東大震災のとき、東京帝国大学学生の救援活動が東京帝国大学セツルメントに発展し、学生や青年を中心にセツルメント運動が広がるきっかけとなった。戦後の経済復興期には多くの大学でセツルメント活動をおこなうサークルができ、勉強や遊びをとおして地域の子どもたちと触れあったり、病院にお年寄りを訪問してレクリエーションをしたりなど、地域ボランティアとして活動した。

障害を抱える子どもたちとの出会い

堀さんは教師生活三十五年間のうち、前半十六年間を障害児学校で英語科教師として、後半十九年間を都立高校で社会科教師として過ごした。新規採用時は障害児学校へ勤務することはまったく考えておらず、最初に須賀盲学校から声がかかったときは困惑した。しかし、その後の十六年間の障害児学校での経験が、教育の意味を考えさせることになった。盲学校では、児童・生徒数も少なく、きめの細かな授業ができたが、障害者をとりまく社会的現実に押しつぶされそうになることも数々あった。

当時の東京都が全国に先駆けて「障害児全員就学」を打ちだして以降、盲学校のようすは一変し、視覚障害と知的発達障害を伴う重度障害児の占める比重が大きくなった。全校生徒の六、七割をそれらの子どもが占めるようになった。こうした現実は彼自身に、子どもに対する見方や教育とは何かについて根本的な問いを投げかけた。

中学部の教師仲間と試行錯誤を重ねながら、普通学級（重複障害を伴わない視覚障害児の学級）、重度学級の枠を超えた生徒どうしのかかわりあいをつくる取り組みを進めた。学習場面では、それぞれの発達の段階ごとのグループ学習指導の態勢をつくっていった。中学部全体では、障害の程度にかかわらず学年をひとつのグループとしてまとめ、朝と帰りのホームルーム、昼食、さまざまな行事などに取り組んだ。子どもたちが障害を超えた「ともに育ちあう仲間」のなかで、たくましく成長していく姿に感動し、目のまえの子どもたちと、ひとりの「人間」として向きあえる自分を発見した。障害のある子どもたちとつきあって、人間の発達は縦軸のみでなく、横にも発達すると確信した。

どんなに障害が重くても、すべての人間は発達する人として存在し、その意味で、憲法二十六条で規定する「教育を受ける権利」の主体者である。いまでこそこのことは自明だが、重度障害者は教育の対象外という社会的意識がまだ根強かった当時、この憲法の規定は、彼に新鮮な感動を与えた。それまで遠い存在であった「憲法」や「教育基本法」が身近なものに見えてきた。

一人ひとりの子どもたちがしっかり生きぬくためには、彼ら自身の意欲が必要なのはもちろんだが、意欲を引きだし、評価しあい、いっしょに喜びあえる環境の形成こそ大事にされなければならないことを実感する。教師仲間や保護者とともに、夏は海へ、冬は雪国へと、学校行事とは別に、生徒を連れて出かけた。ごく自然に自分の子どもも連れていった。それらの取り組みをとおして、「発達主体者」としての生徒から多くのことを学んだ。学校とは、学びあいながら生きていく小さ

★障害——学校現場などでは、身体的・知的な「障害」を「障がい」と表記する場合が多い。本書では、社会的環境が子どもにとって、なんらかの妨げ（障害）となることと個々の子どもの特性とを書き分けず、同じ表記に統一した。（編集部）

な社会でなければならないと考えるようになった。

彼は小・中・高校をつうじて、あまり人と深いかかわりをとってこなかった。盲学校では、深い人間どうしの交流をとおして生徒が確実に成長する姿を知った。教師生活の毎日に生きがいがあり、仕事と生活がひとつになっていた。

「障害」の意味に気づく

堀さんは十六年間の障害児学校での勤務を経て、一九八九（平成元）年に都立武蔵野工業高校へ異動となった。都立高校へ移ったのは、障害児学校での教育実践をきっかけに、あらためて憲法や教育基本法を学びかえして、今度はそれをじかに教えることができる高校の社会科の教師になりたいと思ったからである。それまで、彼は「中学・英語」で採用されていたが、四十一歳のときに任用切替の選考試験を受けて合格し、それ以降は「高校・社会」の教師となった。

武蔵野工業高校では、生徒は自分の学校を〃バカ学校〃呼ばわりし、自己肯定感に乏しかった。人間不信に陥っている生徒の姿にショックを受けた。いじめや暴力、不登校などで授業が成り立たない。経験したことのない現実にうろたえ、高校に移ったことを後悔さえした。

しかし、そこであらためて、「障害」という言葉の意味を考えさせられた。広い意味で「障害」とは、子どもたちに夢や希望をもたせることを困難にさせている社会的環境である。その意味では、目のまえの都立高校の子どもたちも「障害」をもっているのではないか、と感じた。子どもたちにとって意味のある環境の形成が大事にされなければならないのは、障害児学校の子どもたちだけではない。そう気がついたときから、高校教師になったことの後悔と迷いは消えていった。教師としての確かな認識だった。

堀さんは十年間の武蔵野工業高校勤務のあと、五十一歳で古谷商業高校へ異動した。五十四歳で久しぶりに担任をもったとき、これが最後の担任になるかもしれないという思いで、「担任というのは、昼間の親代わりなんだよ。少なくともぼくは、そんな気持ちで君たちとつきあいたい」と生徒に語った。事実上、両親が不在な生徒もおり、通学を呼びかける再三の家庭訪問、成績不振者との徹底した寄り添い学習など、全力で打ち込んだ。文化祭などで生徒といっしょに数々の取り組みをおこない、生徒たちと達成感を共有した。

一時は高校教師として自信喪失しかかったこともあったが、彼が教育観を深めていくことができたのは自由な都立高校であったからである。自主・自立の精神に満ちた多くの同僚と、情報を職場全体で共有し、職員会議での徹底した議論を中心に、主体的に学校づくりにあたった経験は、彼に自信と活力を与えた。そこには伝統的な都立高校の自由な校風があったからだ、とあらためて気づかされる。

否定された教育観

ここ数年来、学校現場での教職員の自発性・創意性に基づく教育活動は、ますますできにくくなっている。原因は、教育行政当局による「指導」という名の教職員に対する管理統制の強化にある。それは、子どもたちの「教育を受ける権利」の侵害につながっている。

二〇〇三（平成十五）年の七生《なな お》養護学校事件（八五ページ注参照）で、堀さんはそれをひしひしと感じた。教室のなかにまで行政権力が乗り込んでくる事態に、「こんなことが学校現場で起こっていいのか」「ありえない話だ」とショックを受けた。学校が学校でありつづけるための一線をついに越えてしまった。三十年間の教師生活のなかで、これほどの衝撃は初めてのことだった。長年もちつづけてきた危惧が、とうとう現実のものになってしまったと感じた。十六年間の障害児学校での試行錯誤を想いおこしながら、教育の現場でこんなことは絶対にあってはならないことだと身震いする思いだった。

七生養護学校事件から三か月後、「10・23通達」が出されたとき、彼は、「ついにその波がこちらにもおし寄せてきた」と衝撃を受けた。その後、卒業式の場面でどう行動すべきか、はてしない逡巡に変わっていった。五か月後の卒業式は、卒業学年の担任として迎える特別の日だった。ひとつの「型」をすべての都立学校に強制し、学校現場での試行錯誤をいっさい否定する「10・23通達」

を認めろと迫られることは、彼にとって、これまでの教育観の放棄を求められることと同じだった。障害児学校での教育実践をとおして、憲法や教育基本法の意義を理解し、それを仕事のなかで活かし、働きがいのひとつに据えようと努力してきたことが、いとも簡単に否定されたのである。

身体が座って立てなかった

「通達」が出されてから卒業式当日まで、心と身体の変調はつらかった。

卒業学年の担任としての仕事のかたわら、つねに「通達」のことが頭のどこかにこびりついていた。そんなことにかかわる時間はないので、思考のなかに取り込まないように努めた。しかし、現実は「ありえない」ことが起きている。正直、「いままで教師としてやってきたものは、いったい何だったのだ」との思いがつのり、いつもうっとうしい。

就寝時にも考え、寝つきが悪くなり、以前は十二時ごろの就寝だったが午前一時過ぎとなり、朝の目覚めも悪くなり、起きてもスッキリしない。何かに追いかけられる夢を見て、朝、起きたときもドキドキしている感じとなった。酒の量も以前の二倍に増えたが、逆に眠りが浅くなった。自分の仕事も以前のようにスッキリせず、何か陰がある。生活のリズムも狂いだし、考えると胸が重くなり、のどが渇く。肩こり、腰痛もひどい。

三年間のさまざまな思いが頭のなかで交差し、整理がつかないまま卒業式が近づいた。

卒業式当日、重たい感じのまま、今日起きることは「あるはずがない、考えたくない」と抑え込もうとした。だが、自分で結論を出さなくてはいけないと、焦りでいっぱいであった。強い力で、自分の生き方が打ち壊される。子どもたちどうし、親、教師それぞれとの「共感」と「響きあい」がない教育などありえない。いま、正反対のことが起きている。いままで教師としてやってきたものが間違っていたというのか。いっさいの会話不能で、一方的に力で押しきるやり方に、打ち砕かれる思いが混在し、心臓は高鳴っていた。

不起立の際、緊張で口は渇き、身体から力が抜ける感じがした。教頭（当時）の「ご起立してください」の声は一回だけ、遠慮がちで、かぼそい声であった。命令で身体が立つことはありえない。意志して座ろうとするまえに、身体が座って立てなかった。

歌が終わったあと、最悪の場面だけは過ぎたと思ったものの、非合理的なもの、理不尽なものがかぶさっているという思いはずっとつきまとった。校長も、教頭も、「監視」している都教委職員さえも、どこまで本当に自分の心で動いているのだろうか。この得体のしれない強制力はいったい何だ、と彼は思った。

「戒告処分」★を受けたときは、「来るべきものが来た」と胸が苦しくなり、それが数日間続いた。そのころから、右目に膜ができて字がよく見えなくなり、飛蚊症《ひぶんしょう》（目のまえを虫や糸くずなどの浮遊物が飛んでいるように感じられる症状）になった。いまでも症状が出ている。その後、退職までの四年間、卒業式が近づくたびに眠れない日が続き、生活リズムに変調をきたした。退職後も非常勤教員★★として働くことを希望していたが、「不採用」となり、今後の生活不安は続いている。

三十五年間の教師生活。一貫して子どもたちの目線でものを考えてきた。そして教師集団の叡智に依拠し、おたがいの試行錯誤のなかでいろいろな刺激を受けてきた。それを糧として、自分自身の成長とも重ねあわせながら、全力で教育という仕事に取り組んできた。悩みぬいたすえの卒業式での「不起立」も、〝こんな教育がしたい〟〝こんな教師でありたい〟と願いつづけた結果の行為だった。それに対して「戒告処分」という断罪を受けたことは、教師としてのありようを全否定されたように感じる。

★戒告——公務員が受ける懲戒処分のひとつで、三か月にわたり昇給が延伸される。戒告、減給、停職、免職の順に重い。都立学校における君が代斉唱時の不起立・不伴奏に対しては、一回目が戒告、二回目が減給十分の一を一か月、三回目が減給十分の一を六か月、四回目が停職一か月、五回目が停職三か月、六〜八回目が停職六か月の処分。戒告に至らない処分としては、文書訓告のほか、注意、厳重注意、指導がある。

★★非常勤教員——東京都において、定年退職後の再雇用制度により採用される教員で、週四日、授業を受けもつ。かつては「再雇用教員」（嘱託）とよばれていた。

精神医学の視点から

堀公博さんは、日本の一般的な勤労者の家庭に育ち、社会的にも文化的にもそれほど恵まれないまま、与えられた学業を真面目にこなす、内向的な少年時代を送った。受験勉強に閉ざされた異郷の高校へ進み、違和感を覚えるが、話しあえる友にも、視野を拡げてくれる先生にも出会えなかった。

それでも受験勉強では英語を好み、アジアの文化への関心をもち、A大学インドシナ語学科に進む。参加したセツルメント活動によって、貧しい子どもたちがそれぞれの可能性を奪われて生きているのを知る。彼自身は極端な受験学校を経ていたが、閉ざされた環境のなかで苦しんでいたことにおいて、同じであったと気づく。あくまで個々の少年の思い、生き方のなかに社会の貧しさを見る構えは、堀公博さんのものである。こうして閉塞した環境で自分の可能性を見つけられずにいる子どもたちの友になろうとして、まっすぐに教師の職を選んだ。

盲学校、養護学校での十六年間、自分の家庭と学校の境もなくひとつにして、働き生きる。同僚教師、親たちとともに、人と人との交流を大切にする学校をつくっていく。それは、人間とは、いかに「障害」があろうとも、それを乗り越えて発達していく存在であるという実感となっていった。

積み重ねられた経験、仕事に打ち込んで得た深い知識、子どもひとりを可能性をもった人間として信じる力によって、彼は成熟した教師になっていった。

さらに高校の社会科教師になり、武蔵野工業高校と古谷商業高校での勤務によって、一般の高校の生徒も同じように「障害」に直面していることを再認識していく。いわゆる重度障害児は、身体的・知的に障害があり、そのために社会的障害が加重していた。普通高校の生徒はそうした障害をもたないとしても、環境がかれらの可能性のまえで障害になっていることにおいて、同じである。教育とは、その障害にたち向かう力を育てることであるという、広い教育思想に到達した。それは書物によって学んだ教育思想ではなく、自分の青年期の分析、大学でのセツルメント活動、障害児学校と工業高校・商業高校での教育への没頭によって、受肉した教育思想である。こうして、市民社会が望みうるもっとも優れた教師のひとりがつくられていった。

そんな堀さんを、七生養護学校事件、さらに「10・23通達」は問答無用で否定する。堀さんの教育者としての歩み、ここ数十年の民主教育が努力してきたことについて、一片の理解もなかった。いかなる討論も拒否し、行政権力によって教育の精神を否定するものだった。彼は自分の生き方、培ってきた教育者のエートスそのものが、暴力的に踏みにじられようとしていると感じる。

これほどの理不尽に直面し、規則正しい生活を送ってきた堀さんの体調は壊されていく。不眠(入眠障害、浅眠《せんみん》)、悪夢、朝の抑うつ気分、胸部の圧迫感、口渇、肩こり、腰痛がひどくなる。眠る

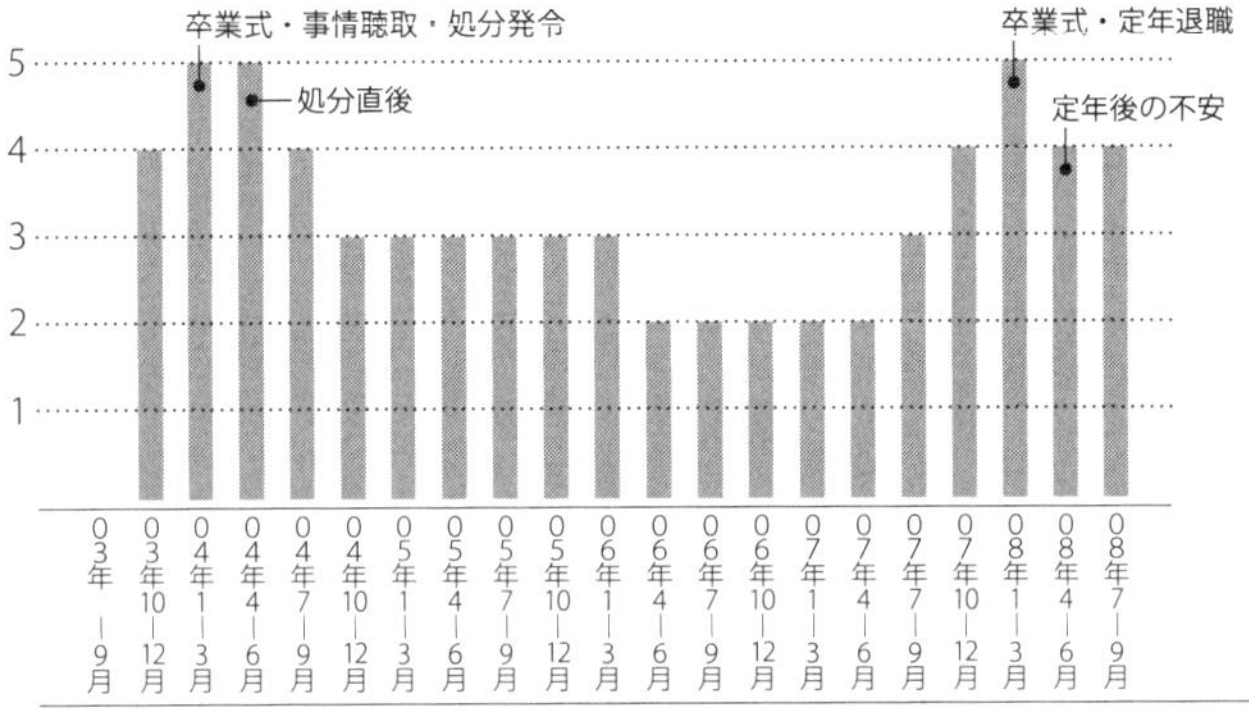

✦堀公博さんの精神的負荷

ために酒を飲むが、やはり眠れず、酒の量は増えるが、さらに眠りは浅くなっていく。いかなる理解もなく、教育に無知な権力によって踏みにじられているという抑圧感は、卒業式当日だけでなく、あの「通達」以降、絶えず続いている。

図は、以下の基準で経時的に精神的負荷を点数化し、グラフにしたものである。


1点……ときどきあのこと（　　　　）を思い出す。

2点……思い出したくないが、何度となく思い出す。

3点……何度となく思い出し、やや仕事の妨げになっていると感じる。

4点……いつも思い出し、うっとうしい。

5点……四六時中思い出し、このままではふだんの自分に戻れなくなるのではと感じ苦しい。

＊（　　）内には、「10・23通達」「職務命令」「職員会議での校

長発言」「卒業式・入学式」「処分」「事情聴取」「再発防止研修」など記入。

このグラフは、堀さんの日々がどれほど抑圧的なものかを伝えている。かつてのように思考・感情が溶けあってひとつのことに取り組んでいた健康感はまったくない。

自分は正しいと思っているのに、悪によって「戒告処分」を受けた——この受けいれがたいという意識は、右目に膜がかかった感じ、さらに飛蚊症となって続いている。

症状をまとめると、つぎのようになる。

一、身体化された症状として、胸部の圧迫感、頭重感《ずじゅうかん》、全身のけだるさ。肩の痛み。腰痛。飛蚊症と右目がかすんだ感覚。

二、感情の不安定。内向した怒り。

三、抑うつ気分。意欲の低下。空虚感。焦燥。

「させる」のではなく

大能《おおの》清子さん（五十歳・処分時四十四歳）
一九八二年三月　B大学人文学部国文科卒業
一九八二年四月〜一九八五年三月　私立Y女子高等学校教諭
一九八五年四月〜一九九九年三月　都立牛田農業高等学校全日制教諭
一九九九年四月〜二〇〇七年三月　都立岸田東高等学校定時制教諭
二〇〇七年四月〜　都立西原工業高等学校定時制教諭　現在に至る
＊学校名はすべて仮名

教師をめざしたきっかけ

家族の歴史から、大能清子さんはつぎのことを心にとめてきた。小さいころ、彼女は泣き虫だった。高校時代に父親が難病にかかり、そのあとに母親を亡くしている。亡くなった母親は、家庭の事情で小学校さえ満足に通っていなかった。母は学歴もなく、手に職もなく、ただ夫だけを頼り、生きてきた。父が病に伏したとき、母は一家を背負う重圧に耐えきれなかった。父の発病以降、少女は泣いているばかりではいられなくなり、ものごとを正面から受けとめざるをえなくなったという。教師になった彼女は、自分自身の経験をつうじて、生徒には、どんなときでも、まず、きちんと自立して生きていけるようになってほしい、との願いを込めて指導にあたってきた。

もうひとつ、学校教育から受けとったものがある。彼女は、戦前生まれの両親から、「親が白いといったら『カラスは白い』と言いなさい」と育てられてきた。一方、小学校の低学年で担任の教師から教えられたことは、「正しいと思ったことは発言し、少数でもその意見を尊重することが民主主義だ」という言葉だった。人前では発言できなかった彼女にとっても、その学校とクラスの雰囲気は、安心と将来への希望、社会に対する信頼を与えるものだった。

やがて高校に入り、担当だった国語の教師から、文章を主体的に読むことの意義を教わった。それまでは本に書かれていることが絶対で、ただそれを読みとるだけでよいと思っていた。主体的に読むことで、著者と対話している自分がいるということを教わった。新鮮な感動と面白さを知った。読みつづけていくうちに、文学的なものから日本語のルーツといった国語学に興味をもつようになった。

こうしてB大学に進学し、国文科の国語学を専攻し、言語学、意味論を研究した。高校時代に国語の教師への憧れをもっていたこともあり、卒業後の職業として教師を選んだ。家族の不幸から人の生き方を学び、学校教育から文学と言語学のおもしろさをつかみ、このふたつを軸に彼女は国語の教師になった。

従わせる教育からのスタート

最初に教壇に立った学校は、大学の先輩からの誘いがあった私立学校。そこは神道系の学校で、自分が過ごした学校との違いに驚いた。神道をまったく知らなかったわけではない。彼女の育った家庭や親類にはさまざまな宗教にかかわる人が多かったので、特別に意識するほどのものではないと考えていた。しかし、その学校は想像を超えていた。疑問ももったが、最初の学校であること、職場は自分に合ったものとは限らないと思って受けいれていた。トラブルを避けたいとも思った。ともかく蓄えがないために、入退院をくり返す父親の医療費を稼がねばならなかった。そして、どんな理念を掲げた学校であれ、そこに生徒がいて、教師がいる、おたがいの信頼関係さえもつことができれば教育は成り立つものと信じていたかった。

しかし、「神棚」と日の丸へ向かって「額づく」儀式に生徒を従わせている自分や、従わない生徒は「非国民」ならぬ「非生徒」とされ、入学式をまえに辞めさせられていくのを見るにつけ、「このままではいけない」と思うようになっていった。だが職員会議での発言は許されず、疑問をもっている同僚も発言せず、ただ黙って従っていた。異論を口にしたり、「指導力不足」とみなされた同僚が担任を外されたり、退職を強要されたりしていた。自分の立場が不利になることを懸念して生徒にしわ寄せをする、これほど反教育的なことはない、と葛藤を抱くようになった。

それから頭痛が止まらず、薬を多用するようになった。服用が一日二回になり、おさまらないのでずっと飲みつづけているうちに、まったく効かなくなった。やがて顔がパンパンに腫れあがった。太ったのではない。まぶたが腫れて目が小さくなり、異様な吹き出物がたくさんできて化膿した。いちばんこたえたのは不正出血に伴う貧血だった。日中でも起きていられず、電車のなかでは立っていられない。歩いていてもフラフラする状態であった。休日は、朝から晩までずっと眠っていた。内科・皮膚科・婦人科と通って、共通して言われたことは「心身症だから転職しなければ治らない」という診断だった。

それで決心し、都立高校の試験を受けて再出発することにした。

引きだす教育への転換

一九八五（昭和六十）年四月、大能さんは都立牛田農業高校に赴任する。勤めはじめて二、三日で頭痛が消え、一か月後にはむくんで腫れあがっていた顔面ももとに戻った。嘘《うそ》のようであった。

都立高校では、あの私立学校との違いに驚かされた。職員会議はだれでも思うことを発言し、率直に話しあっていた。反対意見も出される。議論をして、どうするかを決めている。私学では、会議の時間がぴったり一時間。そのうち半分は校長の話。あとの半分も、各主任からの伝達事項があるだけだった。それに対し、牛田農業高校の会議はさまざまな意見がゆきかう討議の場であった。

学年会も、各担任の意見交換をとおして指導の方向性を探り、生徒部は「取り締まり」ではなく、いかに生徒主体で行事の実行ができるかを考えることが重点であった。彼女も、ホームルームでの討議や決定のしかた、生徒会の運営などについて学んでいった。

生徒から教わることも数多くあった。二年生の担任だったとき、秋に控えた文化祭のテーマを決定するのに際し、予備討論で「水道」「核兵器」とふたつに絞られた。「核兵器」にすでに決定しているほかのクラスがあったことから、内心は『水道』にしてほしいな」と思っていた。生徒の話しあいの流れが「核兵器」に傾きそうなので、彼女が、「農業高校だから環境問題をとりあげるのは意義がある」といった主旨の口を挟んだところ、生徒から「発言したいときは手を挙げて。議長にあてられないときは黙っていてください」と逆にたしなめられた。彼女が日常心がけて指導していたルールであり、「しまった」と思った。

さらにそのテーマに沿って準備を進める生徒から、「被爆者援護法の署名を集める」と言われた。彼女は、「たとえこの署名がいい署名であっても、未成年のあなたたちが大人の団体の署名の下請けをすることには賛成できない」と言った。すると、自分たちで手書きの署名用紙を作成し、ほかのクラスのみならず、近くの団地をまわって署名を集めてきて、「大人のでなく、私たちのだからいいでしょ」と言われた。ほかに、生徒会活動をとおしても同様な経験をしている。

このようなことをとおして、彼女は教師の指導とは「させる」ものではなく「引きだす」ことであることや、「生徒の自主性」の尊重の重要性を実感している。同時に、以前の私学で自分がおこなってきた指導に対する自己嫌悪感を深めることにもなったという。

ある男子生徒との出会い

一九九九（平成十一）年四月、異動要綱の改定★に伴い、岸田東高校定時制に異動になった。岸田東高校定時制では、職場の七割もの教員が一挙に交代させられていた。生徒も落ちつかないようすであった。異動と同時に、二年生の担任になった。

定時制の二年生は、中学時代に不登校であったり、逸脱行動をくり返して教師と対立し、教師不信を強めたりした生徒が、ようやく学校になじむかどうかという不安定な時期の生徒たちであった。

★異動要綱の改定——東京都立の学校教員を対象とする定期異動実施要綱が一九九八年に改定された（適用は九九年四月より）。従来の異動要綱（八四年制定）では、「新規採用八年、二校目以降十二年」を上限に他校へ異動することとされ、また、現任校での在職満四年までは異動希望を出せないのが原則であった。この改定により、上限「新規採用四年、二校目八年、三校目以降十二年」で必異動となったほか、一度は島しょ部の学校や定時制高校に赴任しなければならないとされた。さらに、二〇〇三年七月の再改定では、だれもが「三〜六年」で異動対象となった。同時に、校長の具申によっては六年を超えて残留することが可能な反面、「人事構想」からはずされれば一年でも異動させられることとなった。「日の丸・君が代」問題の被処分者のなかにも一年で異動させられた例がみられる。

そんなある日に、ひとりの男子生徒が教師ともめて暴言を吐いたとして謹慎処分となった。教師の大量異動によって、日常の指導が突然変わったことによるトラブルであった。その生徒が処分に納得できていないことがわかった彼女は、「反省文は書かなくていい」と告げた。逆にその生徒は、「それでは謹慎が解除されないのではないか」と心配していた。しかし、彼女は、その生徒が一年生時に問題を起こしたとき書いた反省文を見ており、同じようなものを書かせる気にならなかった。原稿用紙いっぱいに「ごめんなさい、反省しています、もうやりません」と乱雑な文字で埋めつくされ、いやいや書いた形跡がありありとうかがわれるものだった。その生徒に、「今回のことを本当に反省する気持ちになっていないでしょう。かたちばかりの『ごめんなさい』では嘘を書くことになります。私は国語の教員だから、言葉は大切にしたい」と告げたのだった。

年度末に、その生徒は、またしても謹慎処分を受けた。そのとき彼女は「今回はちゃんと反省文を書いてください」と告げた。すると今度の反省文は、難儀して書いたことはうかがえるものの、自分の内から発する言葉と文章になっていた。拙《つたな》いながらもていねいに書かれた文字を見て、大能さんは驚いた。

不思議なことに、これを契機にこの生徒の国語の成績はめきめき上昇した。のみならず、授業で指名すると、「先生、おれに期待しすぎだよ。おれはこの主人公とは違うよ」と言われた。彼は文脈を読みとっただけでなく、彼女が答えを期待している気持ちを同時に読みとっていたのである。

自分の気持ちというものはだれにもあって、反省文のように思ってもいないことは書かなくてもよい、逆に、思っていることは素直に書けば相手にも伝わるということが理解されたのだ――彼女はそう思ってうれしかった。

こうして大能さんは、小学校では学校になじめず、中学校では先生たちににらまれ、勉強が大嫌いになっていた生徒が、教師との信頼関係を築くことで学力が伸びることを知る。逆に、学力不振とは、教師に対する何かの思いやきっかけが原因で学ぶことが嫌いになり、学力が振るわなくなるのではないかと思うようになった。その後も彼は、何度も特別指導を受けながら卒業していった。彼女の教師生活で、もっとも感銘を与えてくれた生徒のひとりになった。

彼に限らず、定時制の生徒には「きれいごと」は通用しない。どこかでだれかに言われたことを受け売りで言うと、「自分の言葉で言えよ」「先生はどう思うの」と問いなおされる。学校が一人ひとりの生徒に対し、とおりいっぺんの指導に従わせることや知識の押しつけを目的として接するなら、生徒は納得しない。学習意欲も湧かない。自分の好きな教科、得意な教科も見つけられない。むしろ、学校なんてこんなもの、世の中なんてこんなもの、というあきらめの心情を植えつけることになる。本音で生徒と向きあっていくなかで、それがわかった。

このような定時制での経験をとおして、彼女は「教育とは何か、どうあるべきか」を模索していったという。

「立とう」と決心するが

岸田東高校定時制にいたころ、「10・23通達」とそれに基づく「職務命令★」が出された。

翌春の入学式で、さまざまな思いを抱えて入学してくる生徒をどう迎えるのか。これまで入学式は、新入生と在校生の対面式でおこなわれ、「歓迎の言葉」を述べた在校生代表と「誓いの言葉」を述べた新入生代表が、会場中央のマイクを挟んで握手をするのが慣例であった。近年は、卒業式前日の予行時に、校長から君が代を歌うかどうかの「内心の自由」の説明★★がなされ、式当日はほとんどの生徒が「国歌斉唱」時に起立していなかった。何の問題もなく、式は進行し、終了していた。それが「通達」「命令」によって、すべてできなくなった。

全都一律の形式を押しつけられる。担任として迎える入学式でどのように対応すればよいか、悩んだ。だが、彼女には私学での過去の経験があった。

「いまさらきれいごとは言えない」と思い、「立とう」と決心した。ところが、入学式を控えた春休みころから、入学式のことを考えると、きまって過呼吸の発作が起こるようになった。若いころに一回経験したことはあったが、それ以後はまったくなかった。そのうちに毎日発作が起き、多いときは一日に十回くらい起こった。発作が起こったときは、演劇部の顧問をしたときに覚えた腹式呼吸を思い出し、息を吐くコツを見つけてなんとか乗りきっていた。一番効果的だったのは、意識を変えることであった。別のことを考え、入学式のことを考えないようにすると、不思議に発作はおさまった。気を抜くとすぐ、入学式が思い出され、発作が起こる。入学式において発作が起こったら、新入生の呼名もできなくなる。「不安」、「発作」、「切りかえ」のくり返しの毎日が続いた。

人格が崩れていく恐怖

そんな状態で入学式の朝を迎えた。目覚めると腹痛が起こった。学校に着いてもおさまらず、し

★職務命令――権限のある上司から指揮監督下にある職員に出される職務上の命令。地方公務員法第三十二条には、職員は「上司の職務上の命令に忠実に従わなければならない」との定めがある。「10・23通達」に基づく校長から教職員への職務命令には、職員会議などの全教職員が集まる場で出される口頭の「包括的職務命令」と、各教職員に出される文書による「個別的職務命令」がある。

元来、校長による口頭の職務命令には十分な強制力があり、文書で職務命令を出す必要はないが、「職務命令違反」を理由に処分をおこなう「日の丸・君が代」問題では、確かに職務命令を出した証拠として残すために、文書化された個別的職務命令が出されるようになった。そうした個別的職務命令には、起立斉唱、身体の向き、さらには服装についてまで、直接的に身体を拘束するような内容が明記されている。

★★「内心の自由」の説明――校長やその他の教員が、生徒や保護者など式の列席者に対して、「日の丸・君が代」への対し方などは「内心の自由」であり、強制されるものではないという趣旨の説明をすること。九〇年代末の卒業式・入学式への「日の丸・君が代」導入以降、多くの学校でおこなわれていたが、「10・23通達」後、「内心の自由」の説明は、一律に禁止された。

ばらくすると挿し込むような痛みになった。頭から冷や汗がどっと出た。壁を伝ってトイレに入った。そこで見たものは、いままで見たこともない黒いゼリー状の血であった。そのときは恥ずかしさが先行し、とにかくなんでもないふりをした。

入学式が始まり、「国歌斉唱」の声と同時に、全員がいっせいに立ちあがった。とたんに彼女は過呼吸の発作に見舞われた。腹式呼吸で乗りきろうと焦った。まぶたに浮かんだのは以前の私立高校の体育館だった。列席者を見ているとそのイメージが払拭できないので下を見た。すると、今度は、生徒のお下げ髪の頭を床に押しつけている自分の手が浮かんできた。指導する教師も思考停止し、指導される生徒は望まず、ただ学校の方針だからと押しつける日々だった。生徒との信頼関係も築けず、正直に生徒と教師が気持ちを伝えあうことができなかった、あの学校のことであった。

いまはその対極にある定時制で、教師として成長した彼女が大切にしてきた生徒との信頼関係がある。それを放棄し、ふたたび監視役になることは恐ろしい。自分の人格が崩れていくような気がしたという。こんな思いから座席にうずくまっていた。

「お立ちください。お立ちください。起立拒否ですね。五時三十七分、現認しました」と教頭の声がする。しかし、過呼吸のコントロールをしようと必死だった。しばしののち、会場が一瞬シーンとなった。「終わった」と心のなかでつぶやくと肩の力が抜け、自然に呼吸がもとに戻っていた。

以後、校長による事実確認、都教委の呼びだしによる事情聴取、処分、その後の人事委員会審理への出席と続くが、「終わった」はぶり返す過呼吸を撃退する呪文となった。しかし、過呼吸は終わっても、不安は終わらない。

処分を受けたことによる経済的損失、裁判のゆくえ、定年後の嘱託（非常勤教員）採用の可否、六十五歳までの無年金、教員免許更新制など不安は重なっている。

精神医学の視点から

内向的だった少女は、きびしい家庭状況から、経済的に自立して生きる強さを養い、高校の先生から本と対話することの楽しさを教えてもらった。このふたつを軸に国語の教師になったが、最初に勤めた神道系私立学校で、権威的に生徒を従わせる教育指導を要求される。それは同時に、教師も上からの命令に従わされる職員室と直結していた。

教師になった初心と、いま働いている職場での役割との矛盾に苦しむ。内向的で意志決定が遅い彼女は葛藤状態になり、してはならないことを自分がさせられているという苦悩は、異物が吹きだし皮膚が荒れ、眼瞼《がんけん》が腫れ、子宮からの不正出血、それに伴う貧血、ふらつき、無力として、身体に表現された。受診した内科、皮膚科、婦人科、それぞれの医師は、心身症と診断し、助言している。やっと身体の症状に教えられ、大能さんは退職を決意。都立高校の教員採用試験を受け、合格

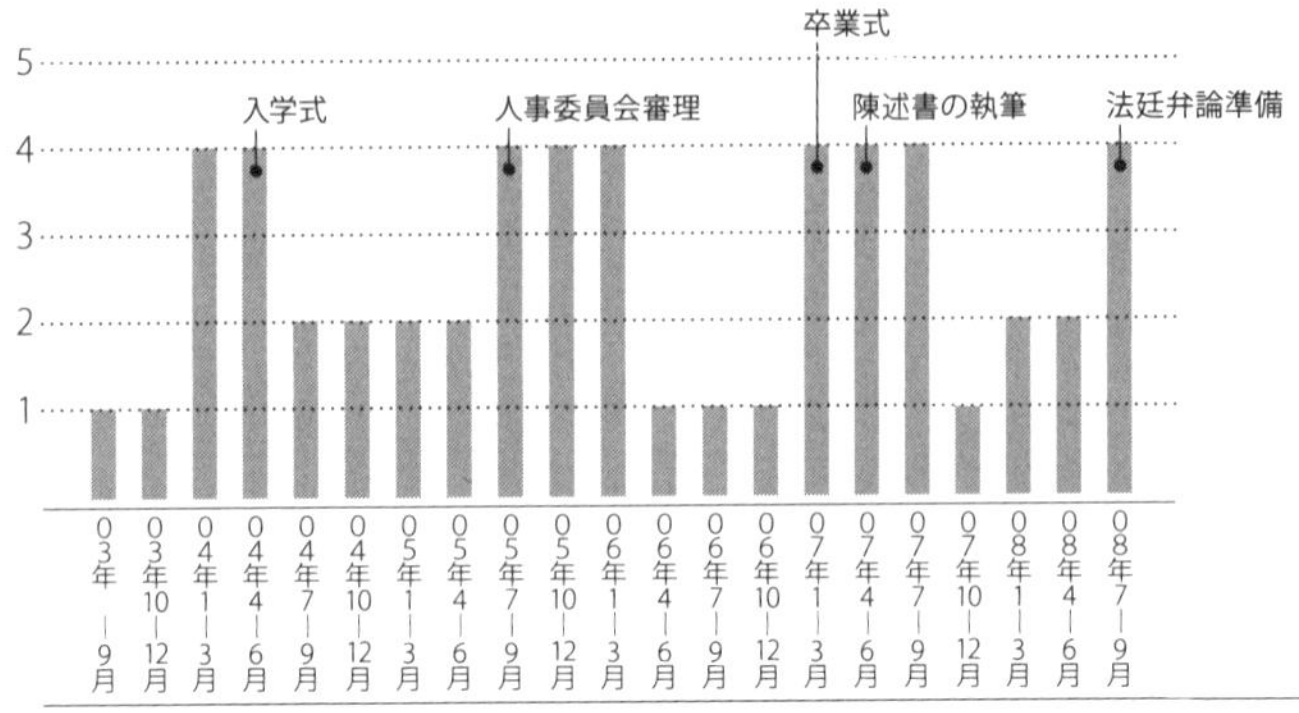

✦大能清子さんの精神的負荷

する。新たに勤務した牛田農業高校では、先の神道系私学とは逆に、彼女自身がこれまでの貧しい人間関係を反省し、対等で、自発的とはどういうことか、本当に身につけていく日々であった。さらに岸田東高校定時制に異動し、ひとりの男子生徒とのつきあいをとおして、自分を偽って、妥協を生徒に求めるのではなく、生徒の本音を肯定する関係が、その生徒の自尊心を育てていくことを知る。

こうして高校教師として円熟したころ、「10・23通達」が下りてくる。そしてそれは、生徒と教職員が新入生を心を込めて迎えることに対する、上からの否定であり、自立して生きることの否定であり、かつての神道私学の状態にかえっていくことであった。

大能さんはふたたび強い葛藤状態におちいり、過呼吸症候群になる。入学式が近づくにしたがって、過呼吸発作は激しくなり、一日十回も起こるようになる。意識的に別のことを考え入学式を頭から追いだすと、発作が止まることに気づいた。

入学式当日は、身体化された症状——挿し込むような腹痛、腸からの出血（黒いゼリー状の出血なので、痔による出血ではなく、上位の腸管からの出血である）があり、さらに「国歌斉唱」時になると、過呼吸が起き、私学時代の不快で打ちのめされた体験がフラッシュ・バックしている。このときの精神状態は意志した不起立というよりも、してはいけないこと、できないことを無理やりさせられる暴力に対する、身体症状と精神症状である。精神的負荷のグラフでは、卒業式、入学式をはさんで毎年、うつ状態になっている。

歴史に学び、子どもに寄り添う

田村茂さん（仮名／五十六歳・処分時五十一歳）
一九七七年三月　C大学工学部金属系学科卒業
一九七七年四月～一九八一年三月　P県麻生町立麻生中学校教諭
一九八一年四月～一九八六年三月　都立宮下高等学校教諭
一九八六年四月～一九九四年三月　都立常磐第三高等学校教諭
一九九四年四月～二〇〇二年三月　都立藤川養護学校教諭
二〇〇二年四月～二〇〇九年三月　都立松根高等学校定時制教諭
二〇〇九年四月～　都立岸辺高等学校教諭　現在に至る
＊学校名はすべて仮名

教師をめざしたきっかけ

田村茂さんは、一九七七（昭和五十二）年からP県の中学校教師として出発した。四年間勤めたのち、一九八一（昭和五十六）年から東京都の教員になった。都立宮下高校（五年間）、都立常磐第三高校（八年間）、都立藤川養護学校（八年間）、都立松根高校定時制（七年間）を経て、二〇〇九（平成二十一）年から都立岸辺高校に勤務している。数学の教師であるが、多様な学校に勤務し、さまざまな生徒たちと接するなかで、教師としての人格や識見を培ってきた。

大学は工学部で金属工学を専攻した。父はサラリーマンである。彼は、初めは教師になる気はなかった。四年生のとき（一九七六年）は、オイルショックの影響で就職先がなかった。それで教師をやってみようかと思った。一年留年して教員免許をとった。教育実習が面白かった。一方で、当時、教師に対する反発もあり「教師にだけはなるまい」という意識もあった。

彼が学んだ東京のT中学校は、東京都の道徳教育の協力校だった。海軍上がりの教師がいて、管理体制のきびしい学校だった。文句を言ったこともあった。

大学で工学を学ぶ一方で、水俣病の問題に関心をもった。現地に行った友人の影響もあり、社会のことを深く考えるようになった。あるとき、PCB（毒性の強い化学物質）をふくむ廃棄物の公害問題が起こり、「それではBCPを開発すればよい」といった話を聞き、「毒をもって毒を制するようなものではないか」と疑問をもった。技術は本来、人間を幸せにするものではないのか、技術で補おうとすることにも問題があるのではという疑問である。PCBの問題など、人間を否定するようなことにもつながる。技術者になることに疑問をもつなかで、何をしていいかわからなくなった。そんななかで、教育実習のことが思い出され、教師になった。

地域社会から民主主義を考える

最初の赴任校は、P県T郡麻生町（仮名）の麻生中学校だった。この町では、中学校の統廃合問題が町民を二分する大問題になっていた。激しい住民運動が起こり、機動隊が出動したこともあった。

町は、麻生中学校の分校である北のA地区分校と南のB地区分校の廃止を決定した。そのため麻生中学校に、廃校となったほかのふたつの分校の生徒たちが登校することになった。それに対しB地区分校の保護者が自主授業を始め、彼が受けもつ学級では、三分の一近くの生徒が四月から九月まで登校してこないという異常事態が起こった。

教育委員会と教職員組合は双方ともに、自主授業は公教育ではないとした。彼は自主授業に出向いた。どのような理由があろうとも、教師であるかぎり、生徒たちに会って話を聞かなければならないと思い、行動したのである。

九月になって、住民と町行政のあいだに和解が成立して、B地区の生徒たちも登校してくるようになった。この統廃合問題をとおして彼は、田舎の地縁・血縁関係のことや民主主義、住民運動のことなどを考えた。学校は、おじいさんやおばあさんが運動会に来るなど地域社会の核でもある。町のことを一番真剣に考えているのは、統廃合により廃校とされる側の住民だということがわかった。

もともといる生徒たちと新たに加わった生徒たちが、ひとつの教室のなかで仲間として認めあい、友情を育てていくにはどうしたらよいか。生徒の手による学級新聞づくりに取り組んだ。初めは壁新聞であったが、生徒たちは自然に集まって、競うように手書きの新聞を発行するようになった。記事のなかで中学校統廃合問題についても触れられたが、真の当事者である生徒たちが、自分たちの言葉で論じあっている姿を見ることができた。

彼は、そのとき受けた感銘を忘れることができないという。子どもたちをさまざまな社会問題から遠ざけるのではなく、一人ひとりが自分のこととして問題を受けとめ、みずからの頭で考えること、それがあってはじめて、立場を異にする子どもたちが、違いを超えてたがいを理解する道が開けることを、身をもって生徒たちから教えられたのである。

子どもの成長に寄り添う

田村さんは、四十歳になってから養護学校へ赴任することを希望し、八年間勤めている。理由は、姪がダウン症という障害をもって生まれてきたことにある。障害をもつ子どものことを何も知らないことに気づかされ、あえて希望したのである。

はじめは意気込んでいたが、すぐに現実の大変さに圧倒された。健常者にとっては、昨日のつぎに今日があり、そして明日が来るだろうと、とくに意識などしない。しかし、障害を背負う子どもたちには、一日一日がとても重いのである。

数学的な考えを教えることは困難であった。数量をつかませるために身体化するようにした。十円玉や何か実物を使って、いっしょに学んでいった。五を三と二に分けるということがわかるまでに、半年かかる子どもがいる。しかし、進歩しているのである。車椅子に乗っていると、距離感というものが健常者とは違ってくる。上に立ちあがれないから、天井までの高さの感覚が健常者の感覚とまったく違う。子どもたちは、数量を具体的なものとして、身体をとおして把握し、また授業のなかでのコミュニケーションをつうじて学んでゆくのである。教師は、子どもたちが社会性を身につけていくうえで大切なことについて意識的に働きかける。目に見える結果がすぐに出るわけではない。しかし、このことの意味はとても大きいと彼は語る。

卒業式の終わったあと、卒業生が最後のスクールバスに乗り、学校を離れるとき、あたかも船出のように紙テープでなごりを惜しむ。そうやって別れたあと、もう会えなくなってしまった子どもが何人いたことか。在学中に亡くなってしまう子どももいた。この別れのシーンも、彼には忘れることができない。

養護学校での八年間の体験が転機になった。定時制に勤務してからも、ひとつの教室で、掛け算、分数、負の数の計算、文字式、方程式など、およそ小学校から中学三年までのあらゆる段階でつまずいている生徒たちの学習指導をしてきた。そのために、教科書の内容を噛みくだいたプリントを準備した。式の変形も、どのような操作をおこなったか、かならず途中経過がわかるように説明しながら進めた。何度もあきらめずに粘り強く、ていねいに生徒の疑問を解き、教えるのである。生徒と教師が共同して創りだす学びの場こそが授業であると、彼は考えている。

中国帰国生徒との出会い

養護学校のまえは都立常磐第三高校に八年間勤めた。赴任して四年目の一九八九（平成元）年六月、東京都教育委員会から、この高校で中国帰国生徒を受けいれるよう要請があった。

彼は、戦争の犠牲者である残留孤児の子女、あるいは残留婦人の孫である生徒を受けいれるのは当然であり、公立高校の果たすべき責務であると考えていた。ところが、この問題を真正面から受けとめようとする教員が少ないことに愕然とした。多くの教員がいろいろな理由をつけて反対したのである。

常磐第三高校は翌年五月、中国帰国生徒十三人の受けいれ校となった。彼は一年目、学年担任団のまとめ役となった。中国語を勉強し、二、三年目には念願の帰国生徒担当となった。

帰国生徒は全員が、中国東北部（旧満州）からやってきた生徒たちであった。大連、ハルピンなどの都市部からの生徒と農村部からの生徒では、勉強の進み具合も大きく違っていた。しかし、思春期に住みなれた環境の中国を離れ、日本に来たことによるアイデンティティの揺らぎを抱え、そのことの不条理を感じていることにおいては共通していた。母語である中国語で話すことはできるのが、文章で十分に表現することができない。日本語で書くことはもちろん、話をしていても自分の気持ちを十分に表現できないというジレンマを抱えていた。また、彼らは日本人の冷たい姿勢にも出会っている。弁当を開くと中国の香辛料のにおいがすることで、差別にあったりもしていた。

　常磐第三高校では、帰国生徒は三人ずつほどに分かれてクラスに属していた。また、「友好」「自強」と名づけた教室で、取り出し授業★や放課後の補習がおこなわれていた。ここでは、昼休みや放課後に集まって、中国語で思うぞんぶん話ができた。この教室があったからこそ、彼らは三年間、常磐第三高校で学びつづけることができたと彼は語る。田村さんは、昼休みは「友好」教室に行って、帰国生徒の弁当もつまみ、放課後は、彼らを先生として中国語を教わった。文化祭のときはいっしょに餃子づくりもした。

　帰国生徒がほかの生徒たちと仲良くなることはなかなか難しかったが、当時、この高校にひとり在籍していたベトナム難民のA君はよく「友好」教室に遊びに来て、文化祭でもいっしょに中国の文化についての展示・発表に取り組んでいた。また、顧問をしていた卓球部の部長のB君は、親が韓国の出自であることを田村さんに語った。そして帰国生徒の部員の面倒をよくみて、いっしょに合宿にも行った。このように異なる文化をもつ生徒がともに学ぶ学校づくりに参加して、彼らと日々を過ごせたことはとても幸福で貴重な体験だった、楽しかったと語っている。

田村さんは、最初の中学校の教員時代に、相模（湖）ダム★★が中国、朝鮮から強制連行された人びとの労働が与《あずか》って完成したものであることを知った。そして、一九七八（昭和五十三）年以来、相模湖・ダムの歴史を記録する会の会員として、また、相模湖・ダム建設殉職者合同追悼委員会の実行委員として、現在まで活動を続けている。

戦時中、日本によっておこなわれた強制連行の実態について、地域や中国で聴き取り調査をおこなってきた。とりわけ中国河北省で、一九九五、九六、九七年の夏休みにおこなった聴き取り調査では、連行されたかたがたから直接、話を聞くことができ、強い衝撃を受けた。日本に連行されるまえに捕虜収容所で受けたあまりに凄《すさ》まじい虐待、目撃した虐殺のことを思いおこして語る老人の

★取り出し授業――たとえば、中国帰国生徒受けいれ校において学級で国語の一斉授業をおこなっているとき、まだ日本語の読み書きが十分にできない中国帰国生徒は、別室において基礎的な日本語の授業を受ける。このように、授業についていけない生徒を別室に移動させておこなう少人数授業を「取り出し授業」という。

★★相模（湖）ダム――一九四〇年代、戦時体制下の電力不足を補う目的で相模川に建設されたダム。一九四〇年に着工されたが、急峻な谷間に堰堤《えんてい》を築く工事は困難をきわめた。この工事には、日本人労働者のほかに、朝鮮半島や中国から強制連行された数百もの人びとが従事し、劣悪な条件のもとで苛酷な労働を強いられた。そのうち、病気や事故により数十名が亡くなり、いまなお重労働の後遺症に苦しむ人びとがいる。強制労働に従事した元「労工」に対し、政府や神奈川県、雇用者である企業は、今日に至るまで賃金を支払っていない。

表情は、けっして忘れることはできない。証言をしはじめるとフラッシュ・バックが起き、恐怖の色が目に浮かび、形相が一変して感情が激発したのである。その激しさは言葉で伝えることができない。彼は日本人として、身体の震えを抑えることができなかった。怖くて見ていられなかった。

当時、日本軍から受けた虐待は中国人にとって、皇軍の旗「日の丸」と深く結びついていた。老人たちは日の丸を「太陽旗《タイヤンチー》」と呼んでいた。この旗の下でたくさんの虐待がなされ、多くの人びとが死んでいった。石家荘《せきかそう(シーチャヤチョワン)》の捕虜収容所★に連行されていったとき、収容所の周囲の柱に多くの収容者の生首がさらされていた。連行される直前に逃亡事件があったからである。その後、数人の逃亡者が連れてこられ、収容所のグラウンドで裸のまま軍用犬に襲われ、殺されたのである。彼が聴き取り調査のなかで知ったことである。

一九九六(平成八)年秋に、戦時中、河北省から相模(湖)ダムの建設現場に強制連行されて工事に従事した于《ユィ》さんを招待した。于さんは、相模湖町立の小学校体育館で、当時の強制労働の実態を話された。相模湖では、湖銘碑に彫られてあった亡くなった友の名前を見つけて泣きくずれた。その姿を見て彼は、「日本人として恥ずかしい、申し訳ない」という気持ちでいっぱいになった。于さんは後遺症に苦しめられながらも、日本の若い人たちに自分の苦しかった経験を伝えることが、今後の平和と友好のために必要であると語ったという。

いろいろな体験をしたなかで、田村さんは、「歴史における責任」ということについて考えを深めてきた。毎年七月に湖上でおこなわれる追悼会で、相模（湖）ダムの歴史を、マイクを持って語ることが彼の務めになった。中国人の強制連行の真実を知ったとき、日本国の戦争責任を個人として引きうけることの必然性があると自覚した。

田村さんにとって、そうした体験と卒業式での不起立はつながっている。もし、中国に行ってこのような体験をしなかったら、妥協していたかもしれない。日本の侵略のシンボルである日の丸に向かって、君が代を起立斉唱することは、話をしてくれた老人たちを裏切ることになる。戦争責任を放棄することにほかならないと考えざるをえなかった。ある老人は、君が代ではないが当時、中国の捕虜収容所で「良心歌」と教えられた歌として、「見よ東海の……」で始まる「愛国行進曲★★」を歌ってくれた。何も言えなかった。いまでも忘れることができない。

★石家荘の捕虜収容所――日中戦争中、日本軍により中国河北省の省都、石家荘に設けられた労工収容所。華北地域を支配していた日本軍と現地の傀儡《かいらい》政権は、捕虜となった兵士や拉致した一般市民をここに収容し、強制的な労働に従事させたのち、ダムや発電所の建設など苛酷な現場の労働力として、日本や満州へ強制連行した。強制連行の犠牲者の証言によると、一九四二～四四年にかけて五万人以上が収容され、そのうち二万人以上が死亡したという。

★★愛国行進曲――一九三七年、内閣情報部が戦時体制への国民精神総動員を目的として歌詞と曲を公募して生まれた唱歌。万世一系の天皇の臣民として「大東亜共栄圏」建設のために邁進せよ、というメッセージが歌われている。軍隊や学校をはじめ、広くさまざまな場で歌われた。

戦争になったら、何もできない。自分に何ができるのか。いまならできる。殺されるわけではない。自分のもち場で責任を果たすこと。これらの思いが重なり、卒業式ではどうしても起立することができなかった。

教師の抗命義務

二〇〇四（平成十六）年三月の松根高校定時制の卒業式のとき、国歌斉唱のあと、ただひとり遅れて会場に入ってきた卒業生がいた。その卒業生は卒業証書授与のときも、スポーツ表彰のときも、壇上で校長に対して礼をしなかった。校長の真後ろには日の丸があったのである。来賓席にいた都教委の職員は、あわてて卒業式の栞《しおり》を開いて名前を確認していた。その卒業生は朝鮮語が話せた。卒業式のまえに、彼はその生徒といろいろ話をしたが、このときはよく聞いてくれた。彼は、その生徒にとって君が代を歌うことがどれほどの苦痛を伴う行為なのか、教師なら考えるべきと強く思った。

二〇〇四年以降も、絶対に立てないという意思が強くなった。生徒に接している教師が強制されれば、生徒も強制されるのははっきりしている。間違った命令には従えない。教育にかかわる公務員としての「抗命義務★がある」と思った。弾圧がないときには勇ましいことを言いながら、いざとなったら口を閉ざすこと、それだけはするまいと思った。生徒をまえに命令に従ったことを見せては、「大人はみんなそうなんだ」と、マイナスの教育をしたことになると思ったからだった。

　卒業式を迎えるまではとくに圧迫感はなかった。職員会議ではそのことをいつも話しあっていた。校長も話しあいにつきあっていた。しかし、彼は、こんなことは許せない、絶対に負けられないという気持ちでいっぱいだった。

　座った直後から苦痛が始まった。教頭につきまとわれた。式が終わってからも、すぐに職員室に来て、逃げるんじゃないかとつきまとってきた。トイレまでついてくるなど人間扱いされなかった。電動車椅子を利用している学校運営連絡協議会の外部委員の人が、心配してくれ、いっしょに抗議もしてくれた。校長室に呼ばれて事実確認されたが、そのとき、校長室のついたての陰に都教委の職員が隠れているのがわかった。

モノ扱いされた研修

　憂うつが始まったのはこのころからで、焦燥感が強くなってくると顔が熱くなる。飲酒は日に缶ビール一本程度だったのが、二本になり、回数が増えもした。さらに心に大きな傷を残したのが、

★抗命義務――日本国憲法第九十九条は、「天皇又は摂政及び国務大臣、国会議員、裁判官その他の公務員は、この憲法を尊重し擁護する義務を負ふ」と定めている。これにより、公務員は、憲法に違反する可能性のある職務命令に抵抗する「抗命義務」を負っている。

再発防止研修で人間扱いされなかったことだった。

二〇〇四（平成十六）年八月に、服務事故再発防止研修★を受けさせられた。午後の時間帯だった。質問などをしても、完全に無視され、人間ではなくモノ扱いされた。人生で初めての体験である。コミュニケーションがまったく絶たれたのである。これが今回の出来事のなかで一番ショックなことだった。

缶詰にされて、監視されるというやり方自体が非人間的である。拷問である。何を言っても、そこにいないようにふるまわれた。最後には、「今度発言したら、退場ですよ」と脅され、やむなく従った。本当に怒り心頭でカッときた。二回目の不起立でも再度、研修がおこなわれたが、思いあまって立ちあがろうとしたら、校長に抱きつかれた。

この研修のことはいまだに、思い出すと胸のなかの黒い部分としてある。中国の人が言った、「日本軍に『気分』で殺される」とはまさにこういうことかと思った。思い出すと悔しくなる。無性に腹が立つ。当時は、研修が終わってからもいつも心のなかにずっと残っていた。こんなに傷つくとは思わなかった。許せない。心のなかに反応しない部分＝部分的な死があった。

研修後かなりの期間、夜になると思い出した。十二時半ごろ眠りについても、三時ごろには目が覚めてしまう。その後、考えごとをしたりしてなかなか眠れない。目をつむってウトウトして朝を迎えることが多く、すっきりしない。熟眠感はない。そういう状況が続いて疲れがたまると、ときどきぐっすり眠ることもあった。そして、また眠れなくなる。そのくり返しであった。

このような状況だったが、できるかぎりほかのことに意識を集中して克服するというしかたを考え、現在では慣れてもきた。毎年、四月の入学式が終わったら考えないようにしている。

二〇〇四（平成十六）年と二〇〇五（平成十七）年の式典では不起立で、その後は年休をとったり、会場外の仕事をして乗りきっている。これからのことを考えると不安が増すばかりだという。

精神医学の視点から

田村茂さんは大学の工学部に進学し、卒業後は理系の研究者になるか、企業に就職するつもりであった。大学に入ってから水俣病に関心をもち、工学と公害の問題をあわせて勉強するようになった。こうしてそれまで理系人間であった彼は、人間の問題に関心をもち、そのことが教師の道を選

★服務事故再発防止研修――東京都の公務員が処分された場合、ふたたび服務事故（処分理由となった行為）を起こさないように受けさせる研修。教職員の場合は都教委によっておこなわれる。本来は、セクハラ・交通事故などの不祥事や体罰などの問題行動を起こした教職員を対象としていたが、「10・23通達」後は、卒業式・入学式での不起立・不伴奏などで処分された教職員にも同様の研修が一律に課されるようになった。

ぶ動機づけとなっていった。

最初はP県の中学校からの出発となった。そこで彼は、統廃合される学校の地域の人の思いに触れることになる。また、相模（湖）ダム問題についての市民活動をつうじて、中国人強制連行の問題にも関心をもつようになった。こうして数学の教師として生活しながらも、地域や人間の生き方について視野を広げていった。中国からの帰国生徒の教育にも積極的に携わっていった。

四十歳になって、養護学校勤務を希望して異動した。もちまえの積極性から、障害をもって生きている子どものことを考えずに働いてきたそれまでの自分を反省し、みずから希望しての異動だった。そこで、知的な障害をもつ子どもにとっての数字の意味、たとえば五を三と二に分けることを教え、半年かけてそれを理解していく子どもがいることを発見して、教育者として感動を覚えた。また彼は、これまでの数学教育でつまずいてきた子どもたちとつきあいながら、数学が発達のなかでもっている意味を一つひとつ考えなおしていった。こうして、自分自身もふくめて数学をスムーズに学んできた子どもの教育から一歩抜けだし、一つひとつ、つまずいてきた子どもをつうじて、学習することの意味をつかんでいった。

熱血漢の彼は、正しいことを論理的に主張すれば、問題は解決されていくと信じて生きてきた。その彼が、完全に間違っていると思う上からの強制に直面し、当然、起立しなかった。ところがその後、自分の主張もできない教頭につきまとわれ、校長に呼ばれ形式的な事実確認をされ、そのうえ都教委の役人が同席しているという状況に直面し、激しい怒りを感じる。怒りのために、このことを思うと頭のなかがいっぱいになり、顔が熱くなってくる。怒りをおさえるためにビールの量も増えていった。

とりわけ再発防止研修に呼ばれたとき、正面からたち向かうもちまえの性格から、理不尽さ・不当性を質問していくが、退場というかたちで脅される。こうして彼の怒りや屈辱感は渦巻きつづける。彼は、中国の人が日本軍人に殺されるとき、「理由はなかった。気分で殺された」と言った言葉を思い出す。そのときに殺された中国人の姿に自分の立場を重ねあわせ、その理不尽さを追体験する。

この屈辱感はいつも頭のなかに浮かびあがり、そのために眠れず、寝ついても三時間たらずで目が覚めてしまう。熟眠感はまったくなく、身体は疲れはてている。そういう日が数日間続いたあと、眠れるようになり、また数日後には眠れなくなるという日々の連続であった。

図にあるように、上記の体験が頭にこびりついて離れない。二〇〇三年から二〇〇六年くらいまで、彼はずっと苦しんでいる。二〇〇七年になって少し減っているが、それは「入学式が終わったのち、このことを考えないように努力してきたからだ」と言う。また、彼は年休をとるなどして、起立強制を迂回している。

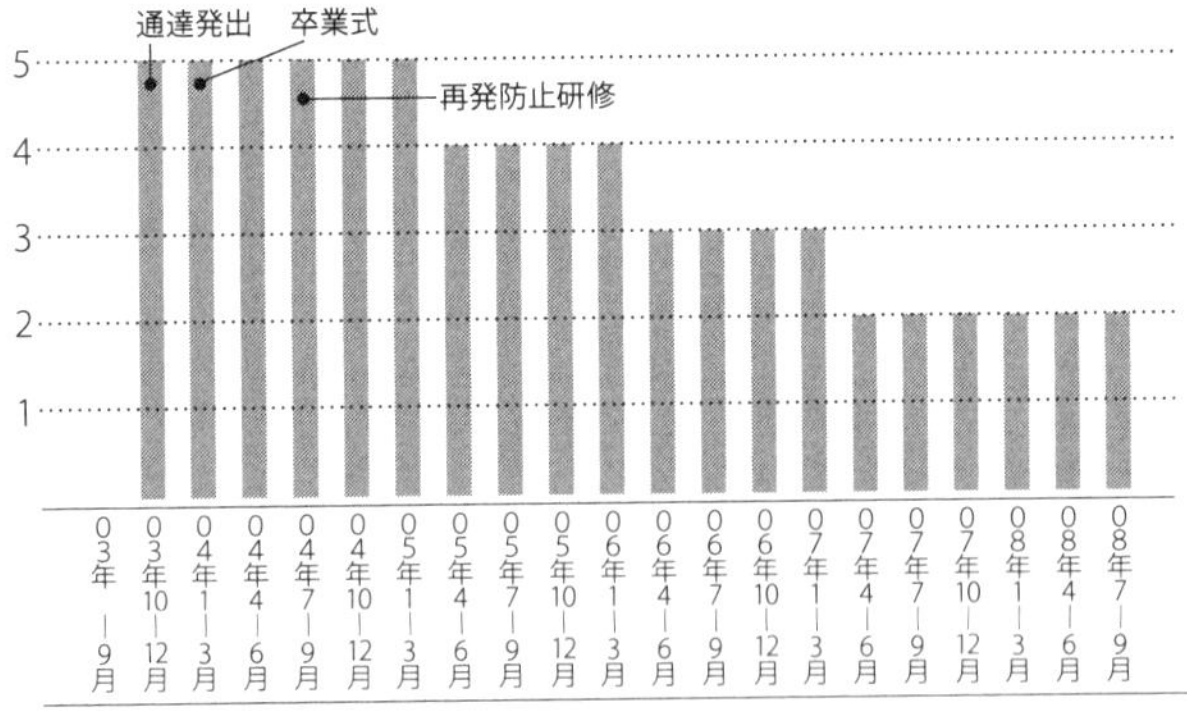

◆田村茂さんの精神的負荷

以上をまとめると、精神的な症状としては焦燥感がひじょうに強く、力があり正義感が強い人ゆえに、教師として正しいと考えてきたこと、とりわけ会話さえも拒否され一方的に否定されたことに対して激しい怒りをもっている。

身体化された症状としては不眠・頭痛がある。抑うつ状態のひとつの症状としての焦燥感が強く、どうしていいかわからない、いてもたってもいられない、という状態が四年ほど続いている。現在はそれをなんとか乗りこえ抑制し、教師としての生活を維持しようとしている。しかしふたたび苦しめられることを思うと憂うつである。もはや何かを校長や副校長などに語りかけていくこともできない。正義感が強ければ強いだけ絶望感も強い。

生徒は見ている

千葉修さん（仮名／六十二歳・処分時五十七歳）
一九七〇年三月　D大学教育学部卒業
一九七〇年四月〜一九七九年三月　東京都Q区立村山小学校教諭
一九七九年四月〜一九八三年三月　都立西原工業高等学校教諭
一九八三年四月〜一九八九年三月　都立坂野高等学校教諭
一九八九年四月〜一九九六年三月　都立北倉高等学校教諭
一九九六年四月〜二〇〇七年三月　都立中谷高等学校教諭
二〇〇七年三月　定年退職

＊学校名はすべて仮名

小学校教員からのスタート

千葉修さんはR県に生まれ、小学校二年生のときに東京へ転居した。転入した学校では、言葉（方言）がおかしいということでいじめられたが、そのときの担任の先生が、意識的にみんなといっしょにやれるように、友だちができるように仕向けてくれたので、乗りきることができた。また、その後の学校生活でも、担任や教科の先生に恵まれたと思っている。こうした体験から、教師も進路選択のひとつとして考えていた。教育実習で生徒とふれあい、感動し、教師になった。

もともと高校での勤務を希望していたが、はじめて赴任したのは小学校であった。子どもたちのはつらつとした表情を見て、小学校を軽くみていた自分を恥じた。放課後や休日にさまざまな研究会に通い、とくに社会科と児童文学の研究活動に熱心に取り組んだ。彼にもっとも大切なことを教えてくれたのは、やはり子どもたちであった。

たとえば、小学校五年生に対する「分数の拡張」の授業において、五分の一からしだいに分数を大きくして「五分の五のつぎはいくつになるか？」と発問したところ、成績上位にあったある生徒が「六分の一」と答えた。疑問に思った彼が、そのような答えを導いた理由を聞いたところ、「五分の五で、分数がいっぱいになったので、五のつぎの数の六に進む」と言われた。彼はその発言から、分数の意味が理解できていなかったことを知ると同時に、その子なりに一生懸命考えて答えを導いていたことに気づかされた。自分の未熟さを自覚するとともに、子どもからのシグナルを受けとめることの大切さを教えられた。

一人ひとりと向きあう

教師になって十年目より都立高校に勤務するようになってからは、さらに一人ひとりの生徒の個性を把握し、評価することの大切さを痛感した。たとえば、彼が担任したクラスに、難病指定を受けている生徒がいた。高校では、進級認定にあたり生徒の欠席時数の上限が定められており、その生徒は数字のうえでは進級認定の要件を満たしていなかった。しかし、このときの教員集団は、特例的な措置がとれないかどうか、長い時間をかけて議論を重ねた。翌日もその生徒のために、二日目の成績会議が開催された。会議では、卒業を認めるという結論に至った。厚生省（当時）や都の難病指定基準に関する資料を集めて長時間の審議をし、特例的な進路規程をつくり、補習指導を重ねてくれた教員集団に深く感謝した。一人ひとりの生徒を大切にするという意味をあらためて学んだ。

これらの経験は、授業実践にも活かされていった。生徒が自分のやりたいことを見つけ、実現するための支援が教師の仕事であると確信するようになった。そのためには、生徒一人ひとりを大事にすることがもっとも大切であると考えた。

抵抗感と自責感

千葉さんは軍艦や兵器が好きで、軍事雑誌を読むような少年であった。もともと日の丸に対する違和感はなかった。しかし、大学生になって、「日の丸・君が代」には考えるべき点があることを知った。教師になってからは、この問題を深く考えるようになった。

小学校教員のとき（一九七〇年代）に東京大空襲の経験者から聴き取りをおこない、戦争の苦しみが数十年経っても昨日のように続いていることを知った。話を聴き取った人のなかには、「日の丸・君が代」を見たり聞いたりすると、そのときの忌まわしい記憶がよみがえり、戦争の時代に連れもどされると感じる人たちがいることを、初めて知った。

そして高校教員になり、シンガポールで華僑虐殺慰霊塔★に向きあった。シンガポールでは日の丸がいまだに受けいれがたいシンボルであるという事実を知り、自分も日の丸を国旗とすることに疑問をもつようになった。

さらに、一九九七（平成九）年に沖縄を訪れた際、沖縄国体日の丸焼却事件★★の当事者と話をする機会があった。そのとき、「沖縄は日本政府にまた捨てられた」という言葉を聞かされた。日の丸の旗に心がうずく人びとがいることを知るにつけ、彼自身のなかで、日の丸を国旗としては、いっそう受けいれがたくなっていった。


勤務してきた都立高校では、これまで「日の丸・君が代」が卒業式に使われることはなかった。「国旗・国歌法」が制定（一九九九年）されたあと、二〇〇〇（平成十二）年三月の卒業式から、都教委の命令を受けた校長によって実施が迫られる状況となった。

このときの卒業式に、千葉さんは参加した。「国歌斉唱」時は起立しなかった。生徒や保護者の大半は立って歌っており、そこで座っていることに圧迫を感じた。しかし、無理やり歌わされることに強い抵抗感があった。それまで彼は、生徒自身が納得できないことはできるだけ強要しないように努めてきた。ホームルームやクラス会議では、何についても十分に議論し、みんなが納得できるまで話しあうようにしてきた。しかし、教師である自分が、初めて強制される状況に追い込まれたとき、彼は「日の丸・君が代」問題について真正面から生徒と議論するのを避けた。自分の考えを押しつけることになるのを恐れたからだった。だがそれは、これまで生徒に対して、「納得できるまで話して決めていこう」と言ってきた自分に矛盾した。こんな空気のところにいられない、といたたまれなかった。

　千葉さんは、卒業学年や教務部担当として、卒業式や入学式の原案づくりにかかわってきた。一九九九年に、国旗・国歌の指導についての通知が出されてからは、君が代のことを考えなければな

★華僑虐殺――アジア・太平洋戦争でマレー半島に侵攻した日本軍は、一九四二年二月、シンガポールにおいて、「抗日分子」の疑いがあるとされた華僑の成年男子（一部に青少年をふくむ）に対する虐殺をおこなった。少なくとも五千人以上（数万人とする説もある）の市民が犠牲になったといわれている。アジア・太平洋戦争における最初の大規模な住民虐殺事件であり、日本軍が東南アジアでおこなった残虐行為のなかでは、フィリピンのルソン島での住民虐殺と並ぶものである。

★★沖縄国体日の丸焼却事件――一九八七年十月二十六日、沖縄県中頭郡《なかがみぐん》読谷村《よみたんそん》で開催中の国民体育大会の開始式において掲揚された日の丸を、村内に住む知花昌一さんがひき降ろし、焼いた事件。知花さんは、みずからの生まれ育った読谷村における沖縄戦の歴史を調査するなかで、日の丸に対する強い否定感情を抱いていた。器物損壊などの容疑で知花さんを起訴した検察が、起訴状のなかで日の丸を「国旗」としたため、全国的な国旗論争に発展した。一審判決（九三年）は日の丸を国旗とする法的根拠はないと判断。控訴審に進み、執行猶予つき有罪判決が確定。

らず、憂うつになる。君が代のない案をつくると、管理職に直され、別の提案がなされた。その後、担当をはずれた。

二〇〇〇（平成十二）年四月以降の卒業式・入学式では、受付や警備を担当した。君が代斉唱の場にいあわせないですんだ。君が代から逃げて受付業務をしている自分を責めた。それでも、式場内に踏みとどまる気持ちになれなかった。

職務命令後の苦しみ

「10・23通達」（二〇〇三年）が出た直後の卒業式は、一年生の学年主任として臨むことになった。年度当初の入学式では「国歌斉唱」時に起立しなくても処分はされなかった。だが今回の「通達」で、卒業式での不起立者は処分があると明示された。

校長から「包括的職務命令」を受けた十二月ごろから、持病のヘルニアが悪化した。午前中はなんとかやりすごせても、午後には痛くて立てない状態になることが続いた。下痢も頻繁に起こるようになった。体重が減り、ベルトの穴ひとつ分やせた。また、歯が浮いたような痛みが生じた。しばしば、胸が急に締めつけられるような状態になった。血圧を計ったところ、ふだん一五〇〜一六〇である数値が、二二〇に達していた。医者に処方された降圧剤を飲まねばならなくなった（退職後の現在の血圧は、一三五前後の数値に戻っている）。

個別の職務命令を受けてから、処分されることを考えるようになり、苦しみは倍増した。式場内に入りたくない人が多く、できるだけ多くの人を式場外の業務にあてるよう校長に調整を求めた。

このころ、連日、この問題で悩んでいた。翌日の会議の運営や、学年内での調整についてはもちろん、理不尽なことを命令する都教委に対する怒りやいらだちが続き、教師を辞めることまで考えた。そして、ふだん飲みなれない酒を飲んで眠るような日々が続いた。しかし寝つきは悪く、夜中に冷や汗をかいて夢で目覚めることが続いた。追いつめられて崖から落ちる夢でとび起きた。

日中、睡眠不足もあって、学校でいらだっていた。生徒から「なに怒ってんだよ」「不機嫌だね」などと言われたりした。家庭では息子に「ふだんのお父さんじゃない」「仕事の話を家にもち込むなよ」などと言われた。妻は「嫌だったら辞めたっていい。生活ならなんとかなるから」と心配していた。彼女は、苦しむ夫がさらに思いつめたらと心配していた。

教師になってはじめて、学校に行くのが嫌だと思うようになった。出勤途中にホームに電車が入ってくるのを見て、吸い込まれるような感覚に襲われた。

卒業式では、初めから立たないつもりで臨み、実際に起立しなかった。処分されることはわかっていた。都教委の職員が監視に来ていたので緊張した。しかし、それまでの卒業式とは異なり、気分が高揚していたのか、式が終わったあとはホッとした心境であった。

卒業式前から悪化していたヘルニアは、医師から手術を勧められる状態になった。その後、だましだまし勤務を続けたが、結局、処分が出された二〇〇四（平成十六）年の夏期休業期間中に、入院して手術を受けた。その間おこなわれた再発防止研修は受講できなかった。そのため、二〇〇五（平成十七）年一月、授業を休講にしてまで、この研修を受けさせられた。研修は職務命令違反に対して反省を迫るものであった。しかし、彼にとっては反省することはいっさいなく、授業をつぶして半日拘束された理不尽さによる苦痛だけが、のちのちまで残った。

生徒たちの問いかけ

二〇〇六（平成十八）年三月に、千葉さんの担任している生徒たちが卒業式を迎えることになった。この生徒たちが二年生のとき、世界史の授業で市民革命や民主主義に触れ、自由や人権の大切さを伝えた。そのとき、生徒からは「では、君が代問題を先生はどう思うの？」と聞かれもした。こうしたことを思い出すと、「立てない」という気持ちがますます強くなっていった。卒業式が近づくにつれ、生徒たちから「どうするのか？」と聞かれることが多くなった。生徒のなかには、「スジをとおしてがんばるべきだ」という者もいれば、「給料も減るし、一回がんばったのだからもういいじゃないか」「先生の気持ちはよくわかったから、もういいよ」などという者もいた。心は揺れうごき、当日までどうするか困惑した。式前日は、まったく眠れなかった。

当日は、式の開始時に起立し、そのまま「国歌斉唱」に入る進行となっていた。どうするか、直前まで悩みつづけた。会場は、教員席が横の壁に背を向けて配置され、教師たちはステージを向いている生徒の横顔を見るようなかたちになっていた。実際、式が始まると、卒業生と目が合った。そういうなかで立ちつづけることは不可能と感じた。立ちつづけたら、自分が壊れてしまう、そのまま昏倒してしまうと思った。そう思い、着席せざるをえなかった。「斉唱」が終わると、潮が引くようにホッとした。

「10・23通達」に基づく職務命令に従わないことによって、自分の人格が破壊されることをかろうじて防いだと思っている。通達が徹底されるようになってからの学校現場は、彼が取り組んできた教育のあり方が否定され、生徒一人ひとりの存在が軽んじられるようになった。生徒のために教員集団が、時間と知恵と手間をかけて議論を重ねるような職員会議は過去のものとなり、職員会議は校長が指令する場になった。★「日の丸・君が代」のみならず、生徒の進退にかかわる問題も、校長の一存で決められている。

★職員会議での挙手採決の禁止――従来、都立高校では、職員会議が、学校としての実際的な意志決定に大きな役割を担っていた。だが、一九九八年三月に都教委が出した「都立学校等あり方検討委員会報告書」（一六三ページ注参照）において、職員会議は校長の補助機関であって議決機関ではないと位置づけられた。これにより職員会議での挙手採決は無意味化され、さらに、二〇〇六年四月に都教委から出された「学校経営の適正化について」（「4・13通知」）により全面的に禁止となった。

千葉さんは二〇〇七（平成十九）年三月三十一日をもって定年退職したが、それまでの四年間は、長い時間をかけて培ってきた教師としての信念や教育実践の理念が崩されていくのに耐え、苦しむ日々だった。

精神医学の視点から

小学校時代にR県から東京に転居して、環境が大きく変わったとき、学校の先生が東京の子どもたちに溶け込めるように支えてくれた。この体験をもとに、千葉修さんはいい教育者像を抱く。そんな教育者像を温めながら彼は教師になっていった。

最初、高等学校の教員を希望していたが、小学校に赴任する。そこで、自分のように学校の教科をすくすくとこなしてきた子どもではない、つまずいている子どもたちに出会う。分数の意味について、どれくらいつっかえる子がいるか、分数を理解するということが、人間の知的発達においてどんな意味をもっているか、根本から問いなおしていく。のちに高等学校の教員になっても、それまでの仕事で築いてきた教育観、一人ひとりの個性を把握し、それに応じてつきあっていくことの大事さを、さらに深めていく。

彼は小さいとき、自分の個別の事情をとらえて支えてくれた先生がいた。長じて小学校教師のときの体験から、一人ひとりが突きつけられている問題が違うこと、その個別性を支えることとの教育的意味を知る教育者として充実した日々を送っていたところに、「10・23通達」が出る。彼は教師になるまで「日の丸・君が代」に対する違和感はもっていなかった。教師になってから、東京大空襲の聴き取りをとおして、戦争に協力しながら戦後、何もしてもらえていない人びとの存在を知ったり、シンガポールにおける華僑大虐殺の事実を知ったりするなかで、「日の丸・君が代」のもっている意味を学んでいった。

そこに、通達が出されたわけで、個々の生徒の主体を無視し、上から下ろしていく性格のものであったため、自分たちがつくってきた教育とはまったく違うと感じる。

一直線に教師としての道を生きてきた彼は、ほかの選択肢を考えることはできなかった。すぐ頭に浮かんだことは、もう続けられない、辞めよう、であった。しかし簡単には辞められないので、精神状態は悪化していく。飲みなれない酒を飲んでなんとか寝ようと努力するが、入眠できず、少し眠っても、夜中に悪夢で目覚める。追いつめられて崖から落とされるような悪夢を頻繁に見るようになり、起きると冷や汗をかいている。気分は不安定で、不機嫌になる。

学校に行っても、疲れていて寝不足でいらだってしまい、生徒にも気づかれる。息子にも「ふだんのお父さんと違う」などと言われた。妻は彼が思いつめていることを心配し、何か起こるのではないかと思って「辞めてもいいよ」というメッセージを送らなければならない状態に至った。通勤

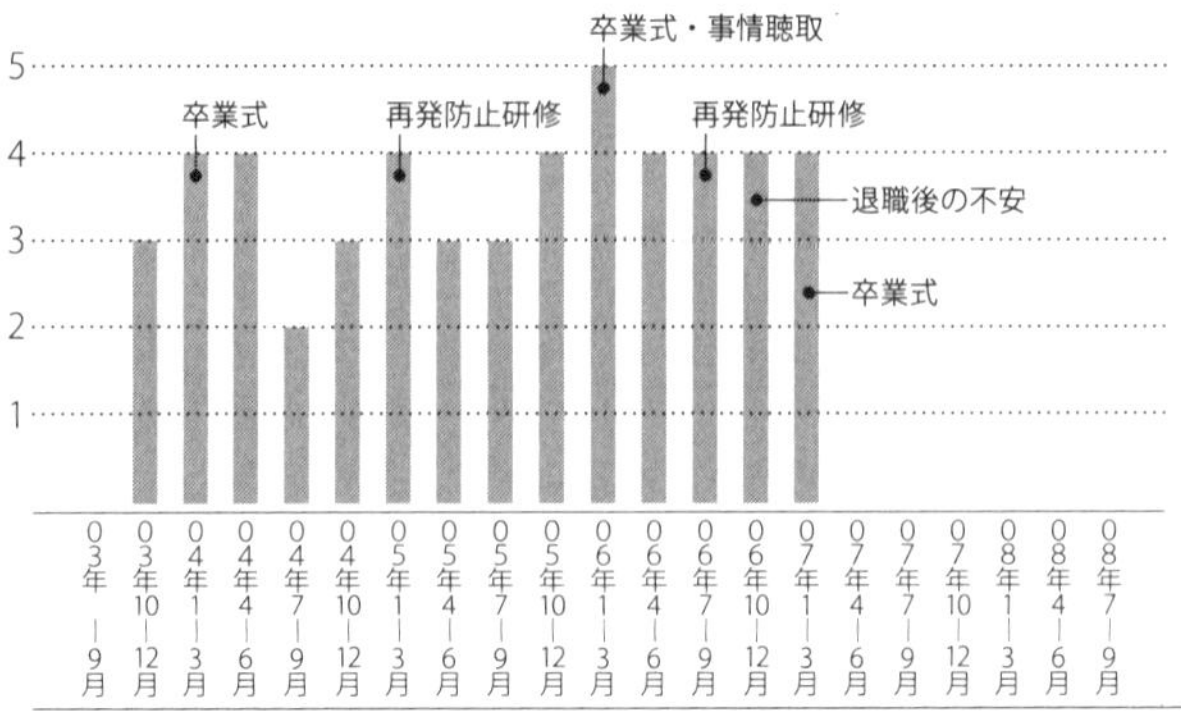

✦千葉修さんの精神的負荷

途中、希死念慮（死んだほうが楽だな、死にたい、という考えが浮かんでくること）も出てくる。電車が入線してくると吸い込まれていくような感覚になり、「考えることがなくなったら楽だ」と思うまでになっている。

そのうち腰椎のヘルニアもひどくなり、消化器の症状も出て下痢が頻繁に起こる。体重も減っていく。歯が浮いたような痛みが続く。胸が締めつけられる。血圧が急激に上昇する。ふだんから高かったものの、このときは二二〇まで上がり、いつ血管が破れてもおかしくない状態になり、降圧剤を飲まねばならなくなった。処分されてからも、さらに症状は続いている。

二〇〇六年のときには、処分のことも考えると、まったく眠れなくなっている。しかし、起立することはできない。起立すれば、生徒と信頼を築いてきた自分がなくなる、自分が壊れてしまうので、できなかった。信頼を裏切られた生徒は、正しく生きていくことができない。

精神的負荷は、二〇〇七年に退職するまでに強く続いていた。

退職後はスパッとそういう負荷がなくなっている。

　症状としては、まず消化器の症状。下痢が続くのと食欲不振、体重の減少、血圧の急激な上昇（循環器系への強いストレス状態）。胸部の圧迫感、頭痛、腰痛、不眠、悪夢（夜中に飛びおきる）がみられる。感情面では不安定、不機嫌、自分が自分でなくなる感覚、自分でなくなるなら死んだほうがいいという思い。抑うつ症状では、意欲の低下、焦燥感がある。不起立したので、自己像の変化はなかったが、もし起立してしまえば、自分が教育者でなくなるという強い不安があった。

　これらは退職後にすべて改善されており、血圧も下がっている。教師としての倫理を踏みにじられると、どれほどの負荷がかかるか、精神症状も身体症状も引きおこし悪化させるか、よく物語っている。

　図は、二〇〇四年一月以来、彼がいかに苦しみ、持続する緊張から解放されなかったかをよく表している。

II 体育教師たちの想い

規律や秩序を子どもに身につけさせねばならない——。

体育科の教員として一方向的な指導をしてきた教師が、あるとき、目のまえにいる若い世代の現実を見つめはじめる。秩序やルールを子どもに伝えるためには、過去の教練のように上から命令するのではなく、みずからが生徒の側に降りていかなければ何も始まらない。思春期の彼らに何が必要なのか。性と生について、健康や運動について、何を伝えたらいいか。試行錯誤しながら教師になってきた。

自分も人も大切にする生き方をしてほしい。そう子どもに伝えてきた教師たちにとって、君が代斉唱時の起立の強制は、子どもを裏切ることだった。

外側から見れば、体育科教員や管理職という立場でありながら、なぜ悩むのか、なぜ不起立なのか、と疑問をもつかもしれない。だが、彼らにとってこの強制は、教師として歩んできた道を全否定されることにほかならなかった。

主体的な生き方を願って

伊藤悦子さん（仮名／五十九歳・処分時五十三歳）
一九七三年三月　Ｅ大学体育学部体育学科卒業
一九七三年四月〜一九八八年三月　都立砂田商業高等学校教諭
一九八八年四月〜二〇〇〇年三月　都立都沢高等学校教諭
二〇〇〇年四月〜二〇〇五年三月　都立八ッ木高等学校教諭
二〇〇五年四月〜二〇〇八年三月　都立北倉高等学校教諭
二〇〇六年五月〜二〇〇八年三月　休職
二〇〇八年三月　早期退職

＊学校名はすべて仮名

教師をめざしたきっかけ

伊藤悦子さんは一九五〇（昭和二十五）年に東京で生まれ、勤勉な両親のもとに長女として育った。高校生となり、自分の特性を活かした職業として、体育の教師を志した。全国大会出場などの実績をもっているわけではなかったが、全般的に体育が得意であった。彼女は当時の体育の授業の体験から、いわゆる「うまい」あるいは「苦手」といった意識からポジションが二分する状況を不思議に感じ、もっとみんないっしょに溶け込んでやれないものかと考えていた。そして人間の身体の健康といった視点だけでなく、心理面もふくめて健全なスポーツのあり方を考えるようになった。

　高校の進路指導で「国立へ」という勧めもあり、経済的に恵まれているわけではなかったものの親の理解もあり、近くの都立高校からE大の体育学部に進学した。入学後は研究会にも所属して学習を積み重ね、卒業後、希望していた体育教師になった。

「迫力先生」からの変化

　最初の勤務校の砂田商業高校では、自分の高校のころとあまりに違う生徒たちにとまどいを感じながらも、一生懸命に勤めた。商業高校の卒業生の多くが就職を希望しており、なんとか就職させたいとの思いから、しゃにむに生徒とぶつかりあった。ときには親の代わりのように服装や髪の毛に対する干渉もし、説得をしたこともあった。授業だけでなく、部活動の指導においても、真正面から生徒と向かいあった。とくに、学年担任団の生活指導を担当したときは、卒業した生徒たちから、「すごい勢いだったよ」「当時はすごい迫力があった」と言われた。しゃにむに取り組む若さと体力があった。

　そんな彼女も、教育活動の経験をとおして、「勢い・迫力」のみでなく、生徒の自主・自立をうながす観点から、それまでとは違った「待つ」ことの大切さも知った。

　教師は、生徒のさまざまな言動から結論や結果をみこして一方的な指導をしがちである。しかし、年齢的にも押しつけを嫌う高校生たちは反発する。彼女自身、自分の四人の子どもの成長を見ながら、親子、兄弟姉妹といえども人格は別であることを実感してきた。

同様に、生徒の可能性、興味や適性を引きだすためにも、「待つ」ことの意味を知った。「勢い・迫力」といった説得型でなく、生徒みずからの思考力、想像力を養い、さらに判断力、そして批判力を養う教育を見つけたのである。

それらを具体化するために研究会や実践報告会にも参加し、「教育とは何か」「どうあるべきか」の模索を始めた。先輩教師から教わることもあったが、みずから感じ、学びとり、実践をとおして培うものである。これらは指導書や校長・教育委員会などの指示・指導から教わるものでなく、一般的な指導を超えて、現場の生徒の状況に適した「指導」を考えねばならなかった。

管理と干渉と

保健体育教育の一環である性教育にも取り組んだ。生物学的な性だけでなく、生徒の妊娠をきっかけに、若い世代の性に対する興味と無知識、予期せぬ妊娠や性感染症、男性中心的な性衝動や暴力的な性トラブル、そして出産・育児のことなどに取り組んだ。

さらには、性別二分と異性愛が当然という意識、それは多数であってもすべてではないこと、マイノリティーの性も認知され、性の多様性を広く認めた共生社会が模索されるべきこと、人権もふくめた社会文化的性（ジェンダー）の視点からの理解と認識が必要と考えていた。ところが、そのような性教育をおこないながらも不安をもちはじめる。二〇〇〇年前後から、各地で性教育に対するバッシングが起こり、二〇〇三年には七生養護学校への一部政治家による干渉★があった。

伊藤さんはみずからの職業に誇りをもち、研鑽し、変遷を経ながら教育について考えつづけてきた。それを生徒指導に活かそうとしてきた。また、生徒と教師の人間どうしのふれあいをつうじて、生徒の成長を願ってきた。

それゆえに、外部からの干渉や圧力が何をもたらすのか、疑問と不安を感じたのである。また、「週案」★★提出や管理職による「授業観察」は、教師の指導内容に対するチェック体制の始まりではないかと、疑問をもった。さらに「自己申告書」やその「業績評価」という評価主義などが、教師

★七生養護学校への一部政治家による干渉――二〇〇三年七月二日の都議会において、土屋敬之都議（民主党）は、障害児の特性を配慮して工夫を重ねてきた都立七生養護学校の性教育「こころとからだの学習」をとりあげ、その内容を問題視した。その二日後、土屋都議は、古賀俊昭都議、田代博嗣都議（ともに自民党）、産経新聞の記者らとともに七生養護学校に調査に入り、産経新聞は、養護学校の取り組みを「過激な性教育」と報じた。これを受け、都教委は七生養護学校から教材を没収し、九月には教職員百二名を「厳重注意」としたほか、当時、校長だった金崎満氏を一般教員に降格した。これに対して、金崎氏の処分撤回と都議らの不当介入を訴えたふたつの裁判がなされ、いずれも原告が勝訴している（都側は控訴）。

の意欲をそぐものではないかと疑った。これらの人事考課制度は、教師どうしを競わせ、成果を優先させるような、企業型生産競争のようなもの。教育が、個々の生徒の成長を育むという、およそ尺度が存在しえない営みから、表面的な数値や結果だけを優先することになりはしないか。

それまで彼女が培ってきた教育観は、生徒自身の思考力、判断力、決断力、そして批判力を養うという面と、人間の多様な価値観や信条などを尊重するという面から成り立つものである。教育行政の新しい流れは、生徒の多様性を重視するより、何か画一的な方向に向かうのではないかと感じた。「生徒の成長とは何か」「そのための指導とは何か」と彼女が研究や実践をとおして培ってきた、教師の職業観・倫理観とは大きく異なっていた。

そのようななかでも、伊藤さんは、自分なりに工夫した指導方法を模索してきた。だが、管理職から授業で使ったプリントなどの提出も求められるようになり、どこまでなら許されるのか、干渉を受けるのではないかと不安をもつようになり、自己規制するようにもなっていった。直接の圧力や指摘でなくとも、干渉されたり見張られたりしているのではないかと思うようになった。自分としては当たりまえと思うことでも、都教委や一部の都議から偏向教育などの烙印を押され、処分されるのではないか、それまで実践してきた教育観との違いにどう対応すればよいのか、葛藤が生じた。

「10・23通達」はショックだった。それまでは、疑問や不安はあっても、自身の教育に対する基本姿勢は変えないでいた。しかし、「10・23通達」は教育の内容について具体的な指示を伴い、しかも、「職務命令」というおよそ教育とは無縁だと思っていた、命令として出されたのである。そして、従わない場合は処分するという。これは「何も言わずに従え」ということであり、彼女の教育実践である「できるだけ自分で考え、判断する」という考えを押しつぶすものであった。

★★週案――毎週の授業内容を曜日別・クラス別で事前に管理職に報告する書類。七生養護学校の性教育への攻撃のなかで、「授業内容が逐次事前に管理職に報告されていなかった」として、都教委は二〇〇三年九月から週案の提出を義務化した。

★★★人事考課制度――二〇〇〇年四月、都教委によって導入された教員に対する評価制度。「自己申告書」「授業観察」「業績評価」を柱とする。

自己申告書：年度当初に校長が出す「学校経営計画」に基づき、各教員がそれをみずからの一年間の仕事に当てはめて具体化し、目標と計画を記入して校長に提出する。二学期の中間申告、年度末の最終申告では、「成果」と「自己評価」を記入して提出する。

授業観察：管理職による授業観察。年三回・各学期に、各教員につき一単位時間（時間割における一コマ分のこと）の授業観察をおこなうよう都教委は指導している。

業績評価：各年度の教員の評価。賃金や昇任、異動などの処遇に反映される。年度当初・二学期・年度末の年三回、自己申告書を提出して校長面接を受けることに加え、各学期の授業観察を経て、三月に業績評価が出される。現在、評価は「A・B・C・D」の四段階で、「A」であれば標準より多く、「D」なら標準より少なく昇給する。

苦しい日々から見えてきたもの

この通達のまえの二〇〇二（平成十四）年から、伊藤さんは変形性股関節症に悩まされ、二か月間の入院と四か月間のリハビリを受けていた。

半年間の休職を経て復職後、杖を使用しながらの勤務となり、思いどおりの教育活動もできず、体育教師として十分でないという自責の念をもつようにもなっていた。しかし、もちまえの負けん気と、まわりに迷惑をかけたくないという思いから、授業数の軽減なども求めずにきた。一方で、これで教壇に立っていてよいのかとも思い、不十分だと思うぶん、会議などでの発言も消極的になっていった。

そんななかで出された「10・23通達」に対し、おかしいと思う発言をしたくとも、自分の思いをはっきり表明できないでいた。意見を言えるような強さをもちたいと思うが、しっかり仕事をしてからという負い目が絶えず働いた。体調のみならず、「生徒自身に考えさせる」教育観とまったく違った事態の進行に苦しんだ。

従わないと処分される——大学進学希望のふたりの高校生と自宅のローンを抱えた家庭の経済的なこと、生徒や職場の同僚のこと、いままで培ってきた自身の教育観をあわせ考えると、逃げ場がなく、どうしたらよいか、悩みは大きくなる一方であった。もし、処分されたら……といった将来的な不安が混ざりあった。眠れなくなり、布団に入っても、このことが頭に浮かび眠れない、ウトウトできたかと思うとすでに明け方、といったことが続いた。睡眠不足に加え、仕事中でもこれらの悩みが頭に浮かび、ものごとに集中できなくもなった。

このような苦しい日々のなかから、徐々に、「自分の生と性を主体的に考え、生きていくことのできる力を身につける」「みずから考え、みずから判断する」という自分の教育観に反する行動はとれないとの思いが強くなっていった。

不起立のあと

悩みに悩んだすえ、卒業式当日の君が代斉唱時は起立できなかった。立たないと決めていたが、七人の担任のなかで自分ひとりだったら、と不安だった。式が始まり、しだいに動悸が激しくなる。教頭の足音がコツコツと響いてくる。心臓がドッドッと音をたてているのが聞こえる。胸が痛い。喉が乾ききっていた。立たないというより、もう立てなかった。

卒業式が終わったあと、卒業生が職員室に来て、「体育の先生だからきっと立つと思っていたけれど、そうでない先生もいるんだ。うれしかった」と言われた。悩んだ生徒も少なからずおり、それらの生徒を傷つけず、逆に励ますことにつながったと知りうれしかった。

その後は校長による事実確認、都教委からの呼びだしによる事情聴取と続いた。都人事委員会への処分不服審査請求★をおこなったが、処分の適否が審査もされないうちから服務事故再発防止研修（六三ページ注参照）を受けさせられた。苦しみは卒業式で終わらなかった。「研修」は、その矛盾や疑問に対する質問はいっさい受けつけない一方的なものであった。このとき勤めていた都立八ツ木高校での被処分者は七人だったので、情報交換もしていた。もしひとりであったら、耐えられるだろうかと思った。反省したと書かないと、再度いじめられる。恐怖心が湧きあがり、心臓がドキドキし、喉が乾いたのを憶えている。

精神医学の視点から

伊藤悦子さんは、心身ともに優良な少女として育ち、体育の教師になる。授業、部活動の指導、生活指導、すべてに翳《かげ》りなく、真正面から向きあって働いた。そんな迫力先生も、教師として成熟するにつれ、生徒と正面から向きあう姿勢は変わらないが、向きあって一歩引き、「待つ」ことの意味に気づいていく。

こうして生徒を深く理解できるようになり、思春期の男女にとっての性教育がわかってきた。今日の高校生が健康に生きていくうえで、いかに性の理解が大切か、伝えられるようになった。

ところが七生養護学校の性教育への政治家による攻撃があり、教育がわけのわからないものによって歪められていくのではないかという疑問を初めてもつ。やがて、週案、授業観察、自己申告書、業績評価と、教師の教育実践が監視され、子どもと教師の人格的つきあいからつくられる教育とは違うものへ強制されている、と感じるようになる。教育の本道を生きていると思ってきた彼女は、いままで意識したことのない、教育行政と政治の圧力に気づいて、当惑する。

そこに「10・23通達」が下りてくる。彼女は生徒の自立を願い、「自分の生と性を主体的に考えて生きていくことのできる力を身につける」ことを教育の目的としてきた。そこに、「命令のまま、考えずに従え」という教育行政が入ってくる。これは教育ではない、と感じる。だが、これまで課題を正面から受けとめ、誠実に働いてきた彼女は、「否」と言うことがなかなかできない。処分されたらというおびえと、正しいと思って打ち込んできた教育の精神が壊されるという怒りのあいだを揺れうごく。

この思考の行き来は止まらず、疲れているのに緊張し、不眠になる。入眠障害、浅眠と続く。仕

★処分不服審査請求――行政不服審査法第四条の定めにより、行政庁の処分に不服がある者は、審査請求をおこなうことができる。これを「処分不服審査請求」という。審査庁の審査によって処分が不当と認められた場合には、処分取り消しなどの措置を受けることができる。都の公立学校の教職員が処分の撤回を求めるには、審査庁である東京都人事委員会にこれをおこなう。公務員は直接、裁判に訴えることはできない。

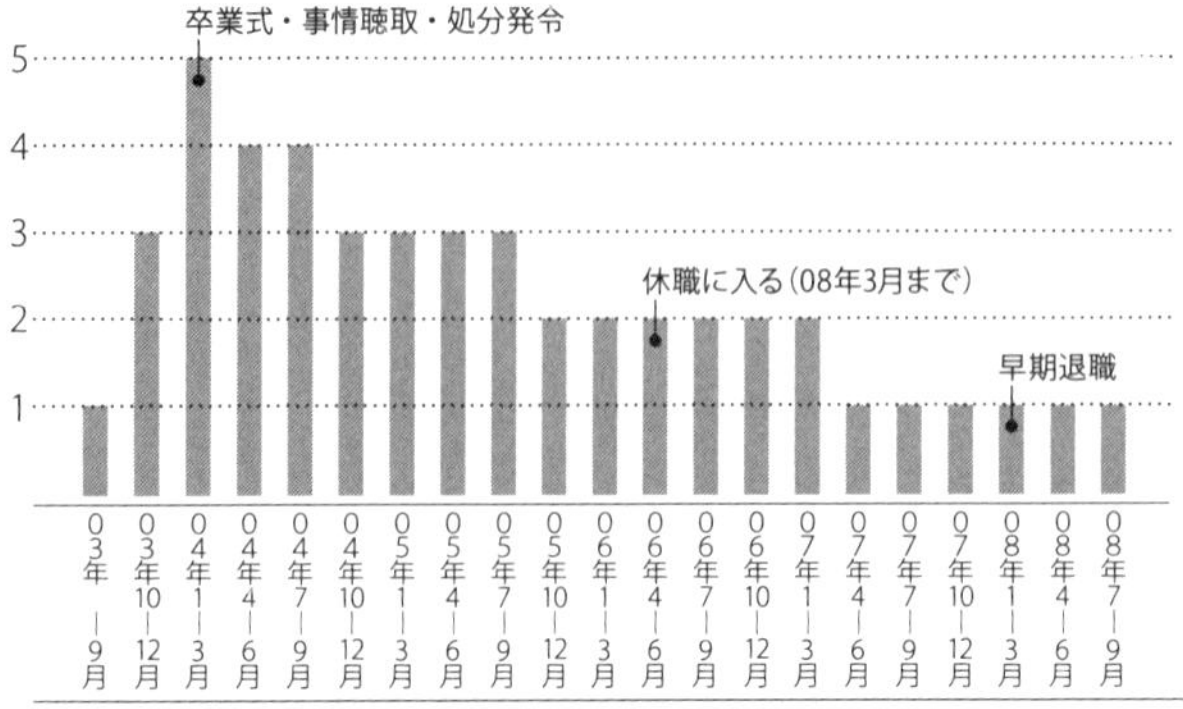

✦伊藤悦子さんの精神的負荷

事中もこれらの理不尽な圧力が頭にのしかかり、思考が集中できなくなる。

卒業式のときも、研修を強制されたときも、彼女は同じ交感神経の激しい緊張状態になっている。胸が痛み、激しい動悸を感じ、喉が異常に乾いている。

抑圧感のグラフでは、不起立の前後、自分が自分でなくなってしまうと苦しみ、その後、不起立しないように式のあいだ時間休をとったり、会場外での仕事をしたりするようになって、集中力をとり戻している。だが、やはり、「あの問題」はいつも彼女の思考に重くかぶさっている。

「性と人権」を伝えながら

佐藤忍さん（五十六歳・処分時五十一歳）
一九七六年三月　F大学体育学部体育学科卒業
一九七七年四月〜一九八〇年三月　都立神山高等学校教諭
一九八〇年四月〜一九九六年三月　都立春日農業高等学校教諭
一九九六年四月〜二〇〇四年三月　都立中井戸高等学校教諭
二〇〇四年四月〜　都立鹿野高等学校教諭　現在に至る
＊学校名はすべて仮名

都心の学校で「性」を教える

佐藤忍さんは一九五三（昭和二十八）年生まれの五十六歳、保健体育の教師である。大学での専攻は体育学で、バドミントン部に所属していた。教師になってから三十年以上、体育と保健の授業を中心に、生徒とかかわってきた。

職務命令違反による処分を受けたのは、都立中井戸高校に在任していたときだった。

中井戸高校は都心にほど近く、生徒は渋谷・新宿を遊び場として過ごしている。当然のことながら、性暴力にあう危険性や性暴力を犯す危険性が高い。自分が専門的に研究してきた性教育を主にした授業で、この学校の生徒の意識を変え、生徒をトラブルから救うことにつながるかもしれない。ところが、中井戸高校では、保健の授業を男女別習でおこなっていた。それまでの学校では、保健の授業はすべて男女共修であった。そこで彼女は、一学年分（二年生）の保健の授業を男女共修にして受けもたせてほしいと申し出た。その申し出がかない、彼女は二年生の保健の授業をすべて受けもつことになった。

しばらくして、不幸な出来事が起こった。三年生の生徒がレイプの被害にあい、その後、拒食症による栄養失調のため、在学中に亡くなったことである。

これをきっかけに中井戸高校は、人権推進校として人権教育を進めることになった。彼女も性教育を教える教師として、この人権推進教育に深くかかわった。S校長が推進する人権教育の要《かなめ》の位置にあったので、校長の評価も高かった。彼女は後に述べるように、「10・23通達」直後の中井戸高校の周年記念行事で不起立をし、処分される。その前年、彼女の業績評価はA。人権教育の紀要に校長が寄せた文章を、自分と同じ教育観をもった教育者の文章であると思っていた。また校長から、彼女がおこなってきた教育活動に対し、「ああいう教育こそが本物」と声をかけられたこともあった。

しかし、その周年記念式典を境に、校長に対する彼女の思いは一変した。校長は都教委の命令によって、自分の教育観を封印してしまっていた。いったいこの校長は自分のどこを見て、A評価をつけたのだろうか、という思いを強くもち、なんともいえない虚無感が続いた。

不登校の背景を考えるなかで

かつて、佐藤さんが教師としての歩みを進めていくうえで、大きな転機となる出来事が一九九四年にあった。自分の娘が九歳のとき、不登校になった。教師になって十五、十六年になろうとしていたころだった。夫も教師であったので、夫とはよく相談をした。しかし、まだ不登校への対処法が確立していない。どうすべきかについて、大変悩んだ。その結果、見えてきたものがあった。

彼女はこのころ担任をもっていたが、不登校である自分の子どもを見つめ、生活していくことで、担任をしていたクラスの子どもに対する見方も徐々に変化していった。それはクラスの生徒を総体として見るのではなく、一人ひとりが背負っている問題を見つめ、それぞれの子どもをひとりの人格として見る見方だった。いままで自分がやってきた教育は、頭でっかちの上からの教育ではなかったか、と気づいた。そのころから、遅刻をくり返す生徒に対して、ただたんに「遅刻をするな」と言ってすませてきた構えが変わった。遅刻をくり返す生徒の背景に何があるのか、と思いをはせるようになった。

同じころ、保護者と不登校の問題を話しあう会を立ち上げ、情報を交換し解決策を話しあう活動を始めた。この活動は、「引きこもり」の問題を考えていくうえでの礎《いしずえ》となった。

こうしてつぎの中井戸高校では、「翻訳こんにゃく」と呼ばれることになった。「翻訳こんにゃく」とはアニメ「ドラえもん」の使用アイテムで、これを使うと、会話ができない相手と会話を交わすことができるというもの。生徒が自分の言葉で大人に思いを伝えられないとき、彼女が生徒に代わってそれを翻訳することが多かった。

この中井戸高校で、快楽としてのセックスを求める生徒の多くの声を聞き、佐藤さんは自分の教育観を変えていかねばならないと思った。この学校で教えるべきことは何か。それは自分も他人もともに尊ばれる「生」と、それを保障する「性」の安全であると実感した。

PTA主催の性教育の会に、彼女は講師として二回招かれた。意識の改革が必要なのは生徒だけではない、親の意識の改革も必要なのだ。その思いは親たちにも伝わったと感じている。このころは、同僚の教師たちも、彼女が書いた文章を読んで研究してくれた。

彼女の現任校である鹿野高校は、不登校やドロップアウトした生徒を集める、「チャレンジスクール★」である。集まってくる生徒のなかには、発達障害を疑われる生徒も少なくない。彼女は、そうした生徒と接し、特別支援教育にかかわっている。

こうして不登校という現象の抱える背景が、少しずつ見えてくるようになった。それは生来的なものであったり、性格的なものであったり、発達障害からくるものであったりと、多岐多様である。発達障害というレッテルを貼られた生徒を受けいれ、彼らと接しながら、発達障害という現象（症状）を生みだしているのは、その生徒をとりまく社会なのではないか、その社会のなかには教育現場、すなわち学校もふくまれるのではないか、と考えるようになった。

自分を、生徒を、偽れない

「10・23通達」（二〇〇三年）が出されたときは、こんな馬鹿なことがあるはずがない、ありえない、と感じた。

通達のあとすぐ、中井戸高校の周年行事があった。どう行動すべきなのか。自分がいままで学校現場でやってきたことは何だったのか。命令に従うことは、生徒に対して自分をごまかすことにつながらないか。自分が正しいと信じてきた教育観とあまりにかけ離れた今回の通達に従うことは、自分をごまかすことではないだろうか。式典まであと数日になって、そういったさまざまな思いが何度も何度も頭のなかに押しよせてきた。

佐藤さんは入眠障害のため、医師から薬剤を処方されていた。この時期、入眠障害はさらにひどくなった。布団に入っても眠れない。二時間で眠れればよいほうだった。夫にも、どうしたらいいだろう、と話し、相談に乗ってもらっていた。眠れない夜が数日間続き、式典当日になった。

★チャレンジスクール——新しいタイプの都立高校の形態のひとつ。三部制（午前部・午後部・夜間部）定時制で、単位制の高等学校。実際は、多くの都立の定時制高校を統廃合してできたもの。

式典当日、「国歌斉唱」の発声が司会者からあり、生徒がドドドッと座った。それに引きつれられるようにして、自分も座っていた。自分がやってきた教育観、生徒が自己決定できるようにしてきた教育を壊されるという強い危機感でいっぱいだった。

この通達は明らかな強制である。教員に対してはもちろん、校長もその強制の犠牲者である。そしてなにより、この強制は生徒に対して向けられている。しかし強制だからという理由で立てなかったのではない。自分に嘘はつきたくなかった、ましてや生徒たちの顔を見たら起立できなかった。自分がやっていることが認められ、子どもと関係を築くことができたと実感しつつあった矢先の出来事であった。彼女は不安のなかで呆然として座っていた。その後の二、三か月について、彼女は記憶がない。家族とどのように過ごしたか、学校で自分がどのようにふるまっていたか、まったく記憶がない。

「それとこれとは話が別だ」

年が明けて二〇〇四（平成十六）年一月、都教育庁（都教委の事務方）の聴き取りに呼びだされた。聴き取りにあたった担当者の第一声は、「あなたのことは校長からうかがっている、立派な教育をされている、しかし、それとこれとは話が別だ」というものだった。しかし聴き取りの場では、正しいと思ってやってきたこと、なぜ今回の行為がいけないのか、なぜこの問題では話が別なのか、そのことには一言も答えてもらえなかった。そんなに人間を低く見るな、と怒りのあまり言葉が出なくなり、三十分ほど黙ってじっとしていることしかできなかった。最後に「調書に印鑑を押すように」と言われた。このときの屈辱感。もう職場に戻る気力もなく、その日の勤務時間の残りは休暇をとって休むことにした。無力感が強く、夕食も喉を通らなかった。この夜だけは、疲れきって眠った。

さらにその年の夏、処分を受けた教師たちが研修センターに集められた。理由のないことで呼びだしを受けている。呼びだす資格をもたない人間から呼びだしを受けている。耐えられない。これから先、式典を迎えるたびに自分はどうするのだろうか。起立するのか、起立しないのか。クビになるのか、権力に打ちのめされるのか。いずれにしてもこれから先、面倒なことが待ちうけているという思いが頭を離れなくなった。

処分を受けてから、自分の言葉の使い方に気をつかうようになった。言葉尻をつかまれないように自己規制をかけている。七生養護学校で権力が教育活動を破壊したことも、彼女の自己規制に拍車をかけた。

式で起立させられる暴力と、処分を受けて不利益をこうむることの苦痛は、ある意味では異質のものに思える。考えようによっては、起立させられる暴力で苦しむなら処分に甘んじよう、という発想もありえる。彼女は考える。自分にとってはどちらの苦しみのほうが大きいのだろうか。前者の苦しみのほうが大きいように思える。

しかし、処分は経済的不利益をこうむる。前者の苦しみを避けるために処分をくり返し受けることになれば、それは生活そのものを脅かすことになる。式のたびに、同じような苦痛を味わうのかと思うと暗澹《あんたん》たる気持ちになる。いままでつくってきた自分が壊されていく。生徒が好きな時間に好きな教師のところへ行って、「先生」と話しかける昔の学校の雰囲気は、いつ戻ってくるのだろうか。彼女はその日が訪れることを信じている。

精神医学の視点から

佐藤忍さんは、体育の先生として、子どもたちを号令一下で従わせ、教科指導あるいはバドミントン部の顧問に打ち込んできた。そんな自分と子どもとのつきあいをふり返るきっかけとなったのは、自分の娘が不登校になったことと、中井戸高校に赴任して、子どもたちの性の乱れに直面し、そこでどう男女のつきあいを変えていくか考えはじめたときである。

もちまえのがんばりで、人権教育推進校になった中井戸高校の性教育に打ち込んでいった。子どもの不登校についても、子どもを認めるということの意味を理解していった。

こうして、子どもたちの感情を聴き取って表現することができるようになったと、自信をもつようになった。校長からも評価Aをつけられる。

しかし「10・23通達」が出る。子どもたちの主体的な意思決定、子どもたちの感情を聴くということを大切にしてきた佐藤さんは、衝撃を受ける。そういった人間的関係を全否定し、上から形式だけを整える、それも暴力的な強制によっておこなわれる。ちょうど教師としての新しい役割がみえてきた時点にあっただけに、耐えがたかった。

とりわけ、強制に反対したため、それまで高く評価してくれていた校長から否定されてしまったことに、失望した。以前から入眠は早くなかったが、さらに入眠障害がひどくなり、かつ眠りも浅くなった。

自己決定できる教育を主張してきた自分が、子どもたちのまえで「国歌斉唱」時に立つ、それは不可能な選択だった。たとえ立とうと思っても、できなかった。

しかし、外部から「よき先生」として評価されていたいという思いもあり、葛藤は強い。そのため、式が終わってから校長室に呼びだされ、いじめを受けて以降の二、三か月、彼女はどのように生活していたか「記憶がない」という。屈辱から、自分の生活そのものを健忘するというかたちで否認しているのであろう。

彼女の対人関係のパターンは、教育庁の聴き取りの場合でも同じように続いている。「立派な教育をされている」と肯定しながら、「それとこれとは話が別だ」と教育庁の役人から言われたこと

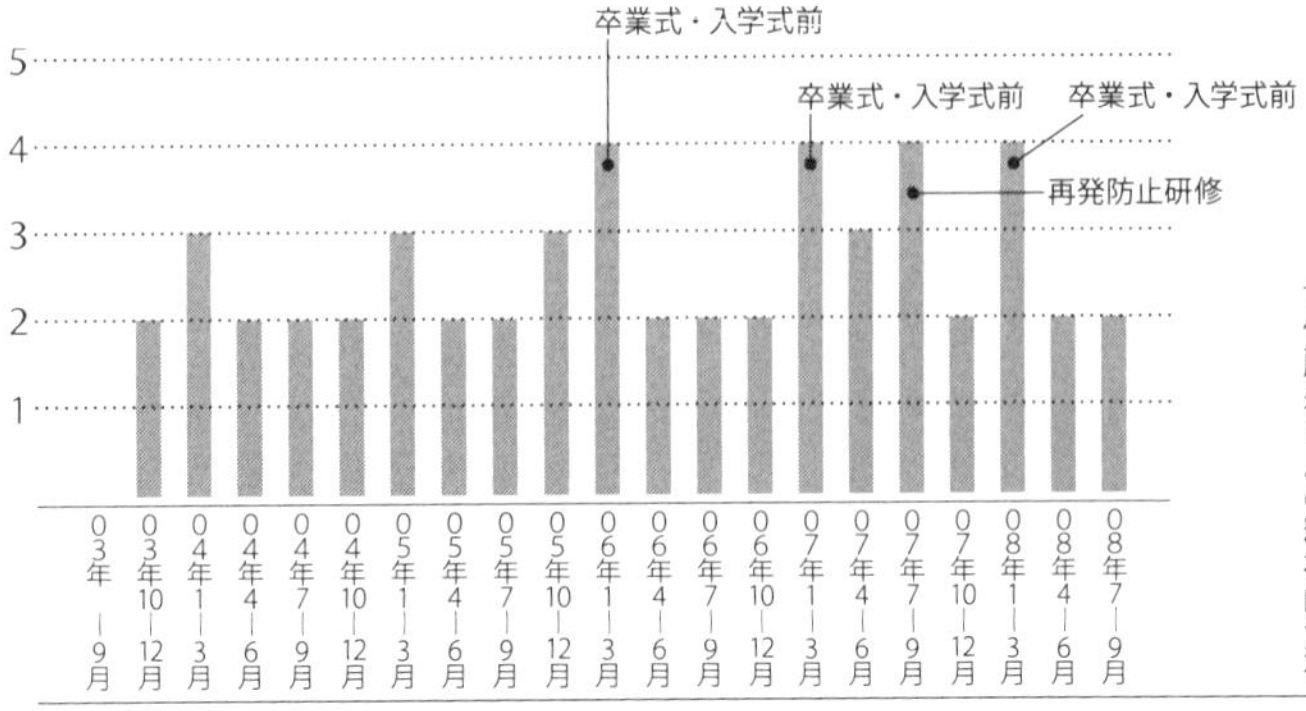

✦佐藤忍さんの精神的負荷

に対して、強い絶望感、不信感をもつ。そのうえ追いうちをかけ、説明を抜きにして不起立の調書に印鑑をつかされた。その後、彼女は急速に働く意欲を失い、その日は学校に行けなくなって休んでいる。こういった屈辱感から、自分の言葉をのびのびと語ることができなくなり、言葉を選び自己規制していく自分を感じている。

彼女は、教師としての価値が否定されるくらいならいさぎよく処分を受けたほうがいいという考えと、かといって不利益をこうむる、しだいに不利益が大きくなっていく現実をどう受けとめていいかわからないでいる。どちらかに割りきろうとするけれども、式が近づくと、割りきることができなくなる。できれば、そこからなんとか逃げていきたい。こういう葛藤のなかったかつての時期を夢想しながら、現状に耐えている。

まとめると、身体的な症状として、不眠、全身の脱力感、それから抑うつ、意欲の低下がある。自己像の変化もある。自分は意味のある有用な人間であると思っていたのに、上から否定されたという思いは強い。こういった否定された自分ではなく、生徒から慕われるかつての自分に戻りたいと、彼女は願っている。

精神的負荷の図では、卒業式、入学式のたびにうっとうしさが加重している。負荷はいつも持続して、晴れることがない。

一直線に仕事に生きて

近藤光男さん（六十五歳・処分時六十歳）
一九六六年三月　G大学体育学部体育学科卒業
一九六六年四月〜一九七一年三月　都立芦崎農業高等学校教諭
一九七一年四月〜一九八六年三月　都立泉台高等学校教諭
一九八六年四月〜一九九四年三月　都立三輪高等学校教諭
一九九四年四月〜一九九九年三月　都立関前高等学校教頭
一九九九年四月〜二〇〇〇年三月　都立中里高等学校教頭
二〇〇〇年四月〜二〇〇四年三月　都立日ノ見高等学校通信制教諭
二〇〇四年三月　定年退職

＊学校名はすべて仮名

ガキ大将が教師になるまで

近藤光男さんは一九四三（昭和十八）年九月、山梨県で生まれた。太平洋戦争の末期、山梨でも米軍の爆撃が激しかった。一九四五（昭和二十）年七月、空襲の避難のため母の背中に負われ、小川の土手下に潜んでいたところ、焼夷弾が転がり落ち、両足を焼いた。いまも両足にはケロイドが残っている。

小さいときは、やんちゃ坊主でガキ大将だった。けんかもよくやった。中学生のころまでは精神的にも荒れていた。六年生のとき、数人でプラタナスの樹皮をおもしろがってはがし、担任の先生から「木が寒がって泣いているぞ、みんなで謝ってこい」と、こっぴどく叱られた。真剣になって怒ってくれた先生に、彼はとても人間味を感じた。

初めは高校に行く気も起こらず、中学を卒業したら働こうと思っていた。もっとも、こんな仕事をしたいという明確な目的があったわけではなく、単純に親から自由になりたいという気持ちからだった。

きょうだいは全部で十二人、近藤さんはその末っ子だった。雑貨商を営む父親は、家庭のことは母親に任せきりで、母親は苦労していた。末っ子で親の思いいれもあり、とくに母親に大切にされた。その母親から「高校くらいは出ていなさい」と言われ、やっと高校に行く気になった。彼の選んだ学校は商業高校だった。つきあっていた女の子がいたから、同じ学校に行く気になった。精神的に落ちついてきたのは高校に入ってからだった。高校に行って生活も少し変わり、大学に行こうと思うようになり、やっと親も安心しだした。

高校では陸上部に所属していた。大学へ進学する気になったのは、G大学に進学したクラブの主将であった先輩の影響である。当時、商業高校から大学へ進学する者はひじょうに少なかったが、先輩からの助言もあり、小学校時代の先生のことも思い出し、将来は教師になろうと思い、G大学に進学した。

大学時代の最初の一年間は寮にいた。たまたま入れられた部屋が寮委員の部屋で、先輩から寮委員を嘱望されていた。しかし、寮生活は一年でやめた。寮生活の規律がきびしく、なんでも連帯責任で、太鼓の音で寝て太鼓の音で起きるという、昔の軍隊さながらの生活だったからである。昼も夜も掃除をさせられたり、連帯責任で夜中の十時から朝四時まで正座させられたりもした。「ごめんな」と言いながら、先輩が後輩を殴る場面もあった。彼は、もし自分が先輩の立場だったらこんなことはできない、と思って、寮を出る決意をした。

こうした学校の雰囲気に対しては、一九六〇年代の当時、マスコミからも批判が強かった。大学内部でも学生の自主的な活動として、自治会をつくろうという動きが起こり、彼もこうした動きに積極的にかかわった。

大学時代をとおして、将来は体育の先生になろうという意志は揺るがなかった。当時、先生でもなろうか、先生しかなれない、といういわゆる「でもしか先生」という言葉が聞かれたが、彼はまっすぐに先生になりたいと考えていた。

激務の教頭時代

教師になって、「躰道《たいどう》」という新しい武道を本格的に習いはじめた。それを教育実践に活かすと同時に、躰道をとおして多くの医者や学者とも交流し、ときには海外への指導にもおもむくこともあった。当時の都立高校にみなぎっていた自由の雰囲気のなかで、教頭になるまでは、気持ちよく仕事をすることができた。

彼自身は、相応の年になったら管理職、という考えはもっていなかった。教頭試験を受けるとき、まわりの同僚からも「あなたには似合わないからやめたほうがいい」と言われた。試験を受けようと思ったのは、四十二、三歳のころ、当時の校長からの強い勧めがあったからだ。その校長は、「東京都の教育行政が変わり、校長、教頭のなかには教育委員会から異動してくる人もいて、現場を知らない人が増え、やりづらくなってきた。現場上がりの人が増えないとだめだ」とよく言っていた。この校長には人間的に親近感をもっていた。彼自身も「現場の意見を反映することが大事だ」と思い、最終的に受験した。

一九九四(平成六)年、近藤さんが初めて教頭として赴任した関前高校は、荒れた学校だった。教員から、「この学校は、二階から机や椅子が降ってくる。殺人以外ならなんでも起きていますよ」と言われた。トイレや階段の踊り場は、足の踏み場もないほどたばこの吸い殻や食べかすであふれていた。さまざまな問題行動の発生、特別指導の連続、学年のうち一クラス分の数の生徒が一年間で退学していく状況が続いていた。

近藤さんが着任したときは、そんな学校を再建するために、都教委の方針にのっとり、個性化・

特色化に向け、福祉・デザイン美術・国際教養の三コース制を導入してから二年目だった。彼はコース制を定着させるために、都教委の期待に応えるように全力でがんばった。教師たちと協力して、校舎内の掃除をくり返し、また、コース制の教育条件整備のために奔走した。

着任後、最初の校長とは一年間いっしょだった。その校長は同じ体育科出身で、ワンマンという風評を聞いていたが、学校経営でもそのような人物で、まったくそりが合わなかった。

着任して数か月後、誘われて会食をともにしたときの校長の言葉に、彼は愕然とした。「教頭さん、そんなに真剣になることはないよ。どうせこの学校はあと何年かすれば、統廃合の対象になるんだから。それまで待てばいいんだよ」。この言葉は、仕事のやりがいを奪った。彼は、「こんなことがあっていいのか」と思いつつも、でもあと何年か残されていると自分に言いきかせ、がんばろうと思った。

これをきっかけに、夜、眠れなくなった。ただでさえ生徒指導で大変で、学校のことで頭がいっぱいにもかかわらず、夜中でも遠慮なく校長から、「あの件はどうなっているんだ」とたびたび電話が鳴った。校長との人間関係が、体調の異変のもっとも大きな要因だと、彼は感じた。また、学校にコース制導入を求めておきながら、わずか数年で統廃合の対象にしようとする都教委の教育行政にも、大きな矛盾を感じるようになった。

コース制のもとで、学校も変化していった。入試の倍率をみても、福祉コース二倍、デザイン美術コース四倍、国際教養コース一・四倍と、軒並み高まった。また、奉仕体験学習、人権尊重教育推進、心身障害理解教育推進、卒業制作展の開催、校内常設ギャラリーの設置、サマー・イングリッシュキャンプ、海外ホームステイ・プログラムの実施、各種講演会などの実施に力を入れ、個性化・特色化では他校に例をみない実績をつくりあげた。

二人目の校長のとき、校長に勧められて校長試験を受けた。二回目の校長試験を受けるとき、校長から「あなたはまだ武道をやるつもりがあるのか」と聞かれたので、「校長になってもライフワークとしてやる」と彼は答えた。結局、そのときは校長から推薦をもらえなかった。校長からの推薦がなければ、校長にはなれない。おそらく校長は、彼が武道を続け、校長職に専念しないと考えたのだろう。

このころ、朝、家を出るのが五時半ごろ、帰りは九時、十時が普通の毎日だった。精神的にも追いつめられていた。身体は疲れていても、夜眠れない状態は続いていた。目をつむるとこのまま死んでしまうのではないか、という気持ちに襲われたこともある。電車に乗っているとき、混んでくるとそこにいたたまれなくなってしまうこともあった。自分でも、閉所恐怖症ではないか、と疑うようになった。

降格願いを申し出る

校長になれないのであれば、それではと、教頭からの降格を申し出た。当時は、教頭からの降格はきわめて異例であった。教頭が降格ともなれば、校長としての評価にも影響すると考えたのだろう、校長から「ちょっと待ってくれ」と言われたので、そのときは正式な降格願いを出すのはやめた。

三人目の校長になってからは、もう校長にはならないと気持ちの整理がつき、少し落ちついて仕事ができた。校長にも悪いと思って、彼のほうからあえて降格願いの話を出すことはしなかった。しかし、コース制を職場の教師たちといっしょに苦労してつくりあげてきたのに、なぜ統廃合の対象になるのか、これには最後まで納得がいかなかった。以前、教頭から降格したいと言ったのは、都教委に対する抗議的な気持ちもあった。

関前高校で五年過ごしたあと、一九九九（平成十一）年、近藤さんは教頭として中里高校に転任した。都教委から進学重点校に指定された、都内で一、二の進学実績を争う学校である。このときの校長は、平気でセクハラ発言をするすごい校長と、彼の目には映った。校長からの重圧と一般教職員との板挟みで、体調を崩し、日常的に咳が止まらなくなった。呼吸器科にかかったところ、軽い肺炎と診断されたという。彼の体調もかまわず、病院にまで携帯電話をかけてきて指示する校長に、ますます追いつめられた。

そのころ彼は、前任校が都教委の方針によって統廃合でなくなることを聞いて、唖然とした気持ちになっていた。いままでやってきたことはいったい何だったのか、先生たちを励ましてやってきた責任はどうとればよいのか、自責の念にかられた。

最後は開きなおりの気持ちで降格願いを申し出て、二〇〇〇（平成十二）年三月、教頭職を辞した。降格して、彼は日ノ見高校通信制に移った。転任先に関しては、降格して移ったことだし、どこへ異動になってもしようがないと思っていた。不安もあった。結果的に、いままで経験したことのない通信制課程で新しい体験ができ、それまでとは違う生徒たちと出会って充実感を得た。あれだけひどかった体調も回復し、咳もきっぱり止まった。

近藤さんの定年退職の年度、二〇〇三（平成一五）年に「10・23通達」が出された。彼は、通達が発出された直後の職員会議で真っ先に発言し、「教育の場で、こんなおかしいことがあっていいんですか。こんなやり方では私は立たない」と言った。

「国旗・国歌」の問題ではない

近藤さんは、これまで三十八年間の教員生活をとおして、儀式その他の場面で、国旗・国歌に関して起立を拒み、歌わないということは一度としてなかった。むしろ、それまでは象徴としての国旗・国歌を認め、率先して立って歌っていた。たしかに「日の丸・君が代」には、戦前の負の歴史はあるが、それは国旗・国歌に罪があるわけではない、それを利用した軍人や政治家に責任がある、と彼は考えていた。これに反対するのは、教育のなかに恨みを植えつけることになるのではないか、寛容の心が大切だと言いつづけてきた。

しかし、この通達で都教委が寛容の心を投げすて、あからさまな強制に乗りだしてきたことに、大きな疑問をもった。彼は国旗・国歌に反対なのではなく、都教委の出した通達が教育内容に対する違法な介入であり、それによって出された職務命令も不当であると考えた。

自分なりに気持ちの整理をしたが、卒業式の当日が近づくにつれて、夜中に寝つけない状態が続いた。やっと寝ても、一時間くらいでしばしば目が覚める。なぜこんなことが起きるのか、都教委に対するやり場のない怒りがおさまらない。眠れないこともあって、酒の量もそれまでの倍くらいに増えた。しかし、酒を飲んでもよく眠れない。血圧が高くなり、頭がふらふらしたり、しばしば身体が熱っぽく感じた。

妻や子どもの理解も得ていたので、式当日は迷わず座った。だが、座っているあいだじゅう、緊張していた。教頭が近寄ってきて、「立ってください」と二、三度くり返した。その直後、処分は覚悟していたが、どんな処分がくるのか、不安になった。

自分の生き方が否定されたのか

卒業式が過ぎても、再雇用先がなかなか決まらない。焦りはあったものの、まさか嘱託（非常勤）の道までふさがれるとは思ってもいなかった。校長自身も嘱託採用になると受けとめていたことを、彼ははっきり記憶している。

二〇〇四年三月三十日に、近藤さんは戒告処分と再雇用合格の取り消し通知を受けた。再雇用の道までふさがれたことに、彼は激怒した。たとえひとりでも、裁判を起こそうと思っていた。もちろん、裁判は人生で初めての経験である。今回の処分によって、彼は自分の仕事や生き方が否定された、全人格を否定されたと感じている。あなたのやってきたことは意味のないことだと言われたにひとしい。

ふたたび体調も悪くなった。血圧が高くなり、以前はBD一二〇―七五だったのが、今回の出来事以後は一八〇―一一〇（高血圧、とくに拡張期の血圧が一一〇で高い）にもなった。そのため降圧剤を毎日服用している。腰は痛み、不整脈もみられるようになった。不眠のため、睡眠誘導剤（デパス）を毎日服用している。

退職金は、ローンその他の借金返済のため、わずかしか残らず、その後の収入の道が途絶えたため、生活設計が立たなくなった。貯金をとり崩す生活への不安はぬぐえない。しかし、裁判が生活の大きな部分を占め、常勤で働ける状態ではない。

理不尽にも自分の生き方が否定されたという思いが、いつもある。これまでの教師生活をふり返って、こんな思いで教師をやってきたのではない、といまだに心が晴れない。いつも頭のなかが締めつけられるような気分から抜けだすことができないでいる。

精神医学の視点から

近藤光男さんは敗戦期に生まれ、戦後の社会の混乱のなか、大家族の苦労も多く、恵まれた環境で少年期を過ごしたとはいえない。戦争の傷は両足のケロイドとして残っている。一方で、きょうだいも多く、学校でも戦後たくさんの子どもたちが団子になって暮らしていた時期であり、人間関係は豊かだった。そういう人間関係をとおして彼は、よき先輩を見つけ、彼のようになろうとG大学に進学し、教師になった。

教師になったときの彼の長所は、集団のダイナミズムのなかでいっしょに考え、行動していく能力であった。こういった彼の長所を発揮して働き、そのことが校長によって認められ、のちに教頭になった。

最初に教頭として赴任した関前高校で、荒れた学校を方針を提示して変えていける立場に立っていた。そこでコース制をもとに、学校の活性化に打ち込んだ。当時、仕事に打ち込んで早朝から深夜まで働いて帰宅する生活をしていた。ところが、校長に勧められて校長試験を受けるにあたって、武道をやめると言わなかったために、校長の推薦を受けられなかった。これは裏切りであった。武道は、彼にとって自分の教育者としてのあり方をかたちで表すものであった。このとき、集団のなかに受けいれられているという思いをもとに集団をリードしていく、という彼の生き方が挫折する。彼は葛藤状態におちいり、夜、眠れなくなる。どうしていいかわからない、という自己否定の意識が浮かび、目をつむったらこのまま死んでしまうのではないか、と不安になる。ここに自分はいるべきでない、という思いは、電車のなかでいたたまれなくなったりするというかたちで表れた。

集団のなかで表に立って直線的に生きてきた彼は、このような内面的な葛藤に立たされると弱い。中里高校に転任し、権力的な校長のもとで教職員と校長のあいだに立たされ、ふたたび葛藤状態に入っていく。ふたつの葛藤を経験した彼は、もう校長になることをやめる、というかたちでこの葛藤状態に終止符を打ち、教師としての生き方を整理した。

体育の教師として武道を教えるいつもの自分に戻ろうとした矢先に、「10・23通達」が下りてきて、ふたたび葛藤状況に立たされる。今回の葛藤は、管理職との葛藤ではない。自分の内面の倫理、つまり人は他者に寛容であり、一人ひとりは自分の意志で生きていかなければならない、という教育者としての生き方が否定されたのである。彼はふたたび、上からの権力がみずからの教育内容に

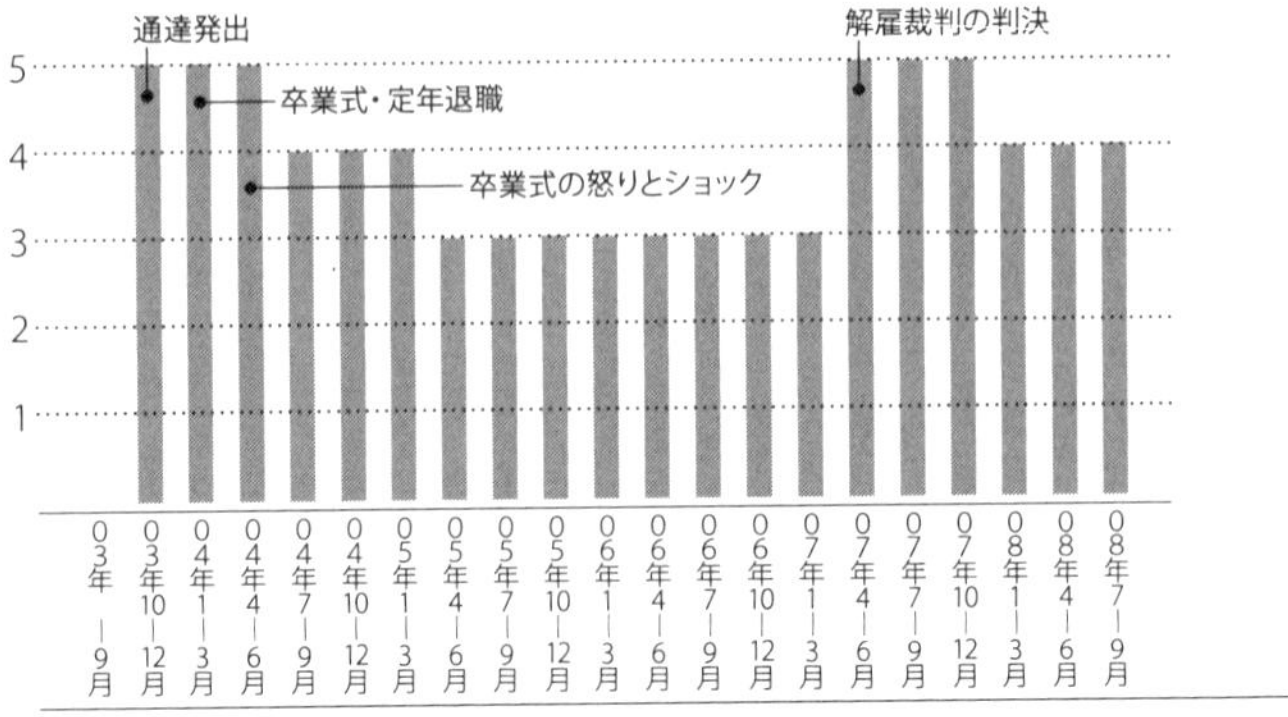

✦近藤光男さんの精神的負荷

介入してきたことを感じ、しかも、それを変えていくだけの力がない自分を自覚する。この葛藤のため寝つかれず、眠れても眠りが浅くなる。怒りや血圧の上昇がみられ、日常的に精神状態が落ちつかなくなる。この時期の血圧は一八〇—一一〇と大変高い。

子どもと先生という集団のなかで、正しいもの、打ち込むものがあると確信して生きてきた近藤さんにとって、それが全面的に否定されるという初めての体験であった。一直線に生きてきた者にとっては、そうであればあるほどこの理不尽さは耐えがたい壁に見えている。いつも頭のなかが締めつけられる気分から逃れることができない。

精神的負荷の図を見ると、通達以降、強制されたり研修を受けさせられる場合に負荷は最大になるが、それ以外の時期でもつねに強い精神的負荷がかかっている。いつもこのことが頭から離れず、仕事の妨げになっている。身体化された症状としては、不眠（入眠障害と浅眠）、高血圧、咳がみられる。

感情レベルでは、強い怒り、このまま死んでしまうのではないか、つらい状況から逃げだしたいと願う、死への逃避が浮かんでいる。

抑うつ状態で、意欲の低下と焦燥感がある。

自己像の変化もある。これまでは自分は全面的に有用な人間であるという感覚に支えられていたが、この強制をとおして、使命感を喪失し、自分のあり方が否定されたと感じている。

全体として、教育行政がかけた強制により、彼の心身の健康状態は悪化したまま、現在に至っている。

教師が病む学校とは

葛藤のプロセス

「10・23通達」やそれによる職務命令は、問答無用の強い力で降りかかってきた。「通達」に接した教師たちの最初の反応は、「これは嘘じゃないか」という「否認」の構えとなってあらわれている。これは現実なのか、戦前の出来事のようだ、こんな通達が、自分の数十年の教師生活のなかで起こることとは思えなかった、という否認である。

しかし、現実は迫ってくる。こんなことがあっていいはずはないと、「強い怒り」が湧いてくる。その怒りは、校長や副校長、教育委員会や都のあり方に向けられたり、さまざまであるが、状況は抗えないかたちで日々、進行していく。納得のいかないまま、怒りは発散されることなく内攻していく。いまは職員会議で話しあうこともなく、同僚と議論することもほとんどなくなっている。こうして「抑うつ状態」になり、意欲は低下し感情は抑うつ的になっていく。そして、式典当日はひじょうに強い葛藤に立たされるのである。

こんなことに従うわけにはいかない、だから起立したくないという思い。しかし、起立しなければ、処分され、不利益をこうむるかもしれない、生きがいである教師の職業が奪わるかもしれないという不安。そのはざまで苦しむ。

式典が終わると、いったんはなんとか乗り越えたという気持ちになるが、周年行事である式典は、また同じようにやってくる。精神医学の用語に「期待不安」という言葉がある。一定の時期がくるとかならず酷《ひど》い状況に立たされると思いつづけるこの負荷は、きわめて大きい。そのために教師たちは、懸命に努力しつつも無力感に襲われ、これまで教育に打ち込んでいた充実感が失われていることに気づく、というプロセスをたどっている。

葛藤を感じながら起立せざるをえなかった人は、強制に従ってしまった教師として、もはやこれまでのようには子どものまえに立つことができないと考える。それに加えて、君が代に対するさまざまな思いがある。個人的な思想の問題、宗教的な信条の問題。あるいは、これまでの教え子たちのこと、部落差別や在日韓国・朝鮮人の問題など、それぞれの経験が重なりながら思い起こされている。

だがもっとも根本的な問題は、自分で考え、判断し、困難にたち向かって生きていってほしいというメッセージを子どもに伝え、自身もそうあろうとしてきた教師としての、職業倫理の喪失である。

日常のほとんどの時間を教師として生き、教師であるということにおいてその自我を確立してきた人が、教師としての倫理を失うことは、「自分は生ける屍《しかばね》になるのだ」という想像と直結している。しかも、生ける屍になっても、生活のため、あるいは目のまえにいる子どもたちのために働きつづけなければならない。そのような生命のない日常業務は、自分が創ってきた教師像とはまったく違う。だから苦痛は、立つか立たないかの一瞬にあるのではなく、今後もこの状態がずっと続く、という想いが伴っている。

人は、かけがえのないものを喪失したとき、意欲や感情が低下し、うつ状態になる。愛する家族を失ったり、みずからの生命や身体を喪失する危険を感じたりするのにひとしい喪失感であり、しかもこの場合、暴力的に踏みにじられるのである。それでもなお頑張らねばならないと思うことは、終わりのない苦しみである。そのためにふと、赤信号なのに無自覚に歩きだしているなど、自殺未遂をした人や過労死で倒れる人の心理状態に近づいていく人も少なくない。

一過性のストレスであれば、時間がたって安全な位置におかれることで自然回復する。しかし君が代の強制は、月日が指定されて予測されるかたちで反復継続していくものである。しかもこれは、少数者に与えられた多数者による暴力であり、なおかつ不当であると考えて従えなかった行為に対して、二重、三重の不利益な処分が重ねられていく、重積する暴力である。

増えつづける病休者

文部科学省は、二〇〇七年度に公立学校教員の病気休職者が八千六十九人になり、十四年間連続で増えつづけていると発表した。そのうち精神疾患による休職者は四千九百九十五人、六一・九パーセントを占め、数・比率とも過去最高になっている。二〇〇一年度が二千五百三人だったので、この六年間で二倍になる（一二三ページ・図1）。精神疾患の大多数はうつ病の病名となっている。

それに対し文科省は、①従来の指導が通用しなくなり自信を失う、②保護者との関係が変化し悩む——などを原因にあげる。教師が働く学校行政に責任をもたねばならない文科省が、まったく無責任に、教師の精神状態に関し誤った素人解釈を流している。

問題は、はっきりしている。文科省が各県の教育委員会に実質上の命令をし——命令はしていない、指導をしているだけと言うが——、教育委員会は校長に命令し、教師たちの教育への意欲を奪ってきた。授業内容、学校行事すべてが、上からの命令で決められている。

東京都では二〇〇三年度から病気休職者数が急増に転じ、年々、増加しつづけている（図2）。二〇〇二年度は二百九十九人（うち精神疾患による休職者は百七十一人）であったものが、二〇〇七年度には六百二人（うち精神疾患によるものは四百十六人）となっている。

このわずか五年間に、教師の指導が突如として通用しなくなり、親たちが急変したのだ、と都教委は説明するのだろうか。また、都教委は二〇〇六年四月、職員会議で挙手や採決をしてはならないと通知した。ここまで細かく、教師の意見を無効化しておいて、どうして教育に意欲をもてばいいのか。

民間企業なら、これだけうつ状態の者が増えれば、人事部が管理職の職場運営能力を問うはずだ。管理職の重要な仕事は、職員の意欲を引きだし、職場を活気あるものにしていくことだから。ころころ変わる命令を出していれば、新しい製品が開発され、営業成績が上がると考える経営者はいない。だが、学校ではそうなっている。教育行政は働いている人間を支えるのではなく、壊している。教職員組合も、うつ状態の蔓延《まんえん》に十分な対策をしていない。

教師がこれほど病んで、まともな教育がおこなわれるはずがないのに、市民社会も現実を見ようとしない。まず休職者および学校の事例研究をおこない、教育行政を見直すべきである。

投薬治療でうつ状態は改善するか

数年前、ひとりの先生が私のところへ診察を受けにきた。うつ病と診断されて薬を処方されているが、よくならず、診察にいくたびに薬の量が増え、日中もぼうっとして困っているという。

病気休職者数の推移

■精神疾患による休職者数
■精神疾患以外による休職者数

図1　全国公立学校教員

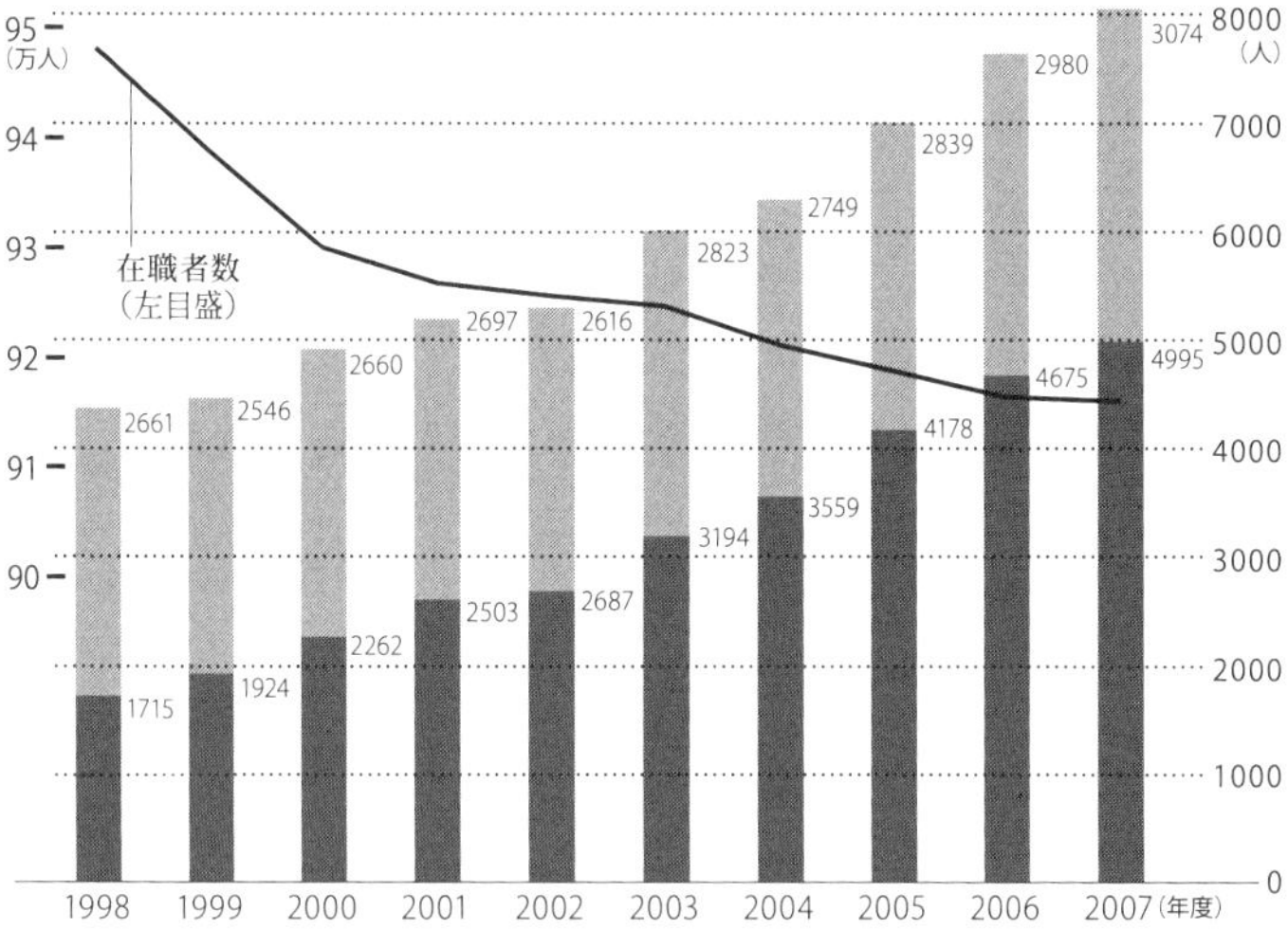

98年度から07年度にかけて、1000人あたりの病休者数は、4.6人から 8.8人に増加。
精神疾患による休職者の比率は、病休者全体の 39.2%から 61.9%に増加している。

図2　東京都公立学校教員

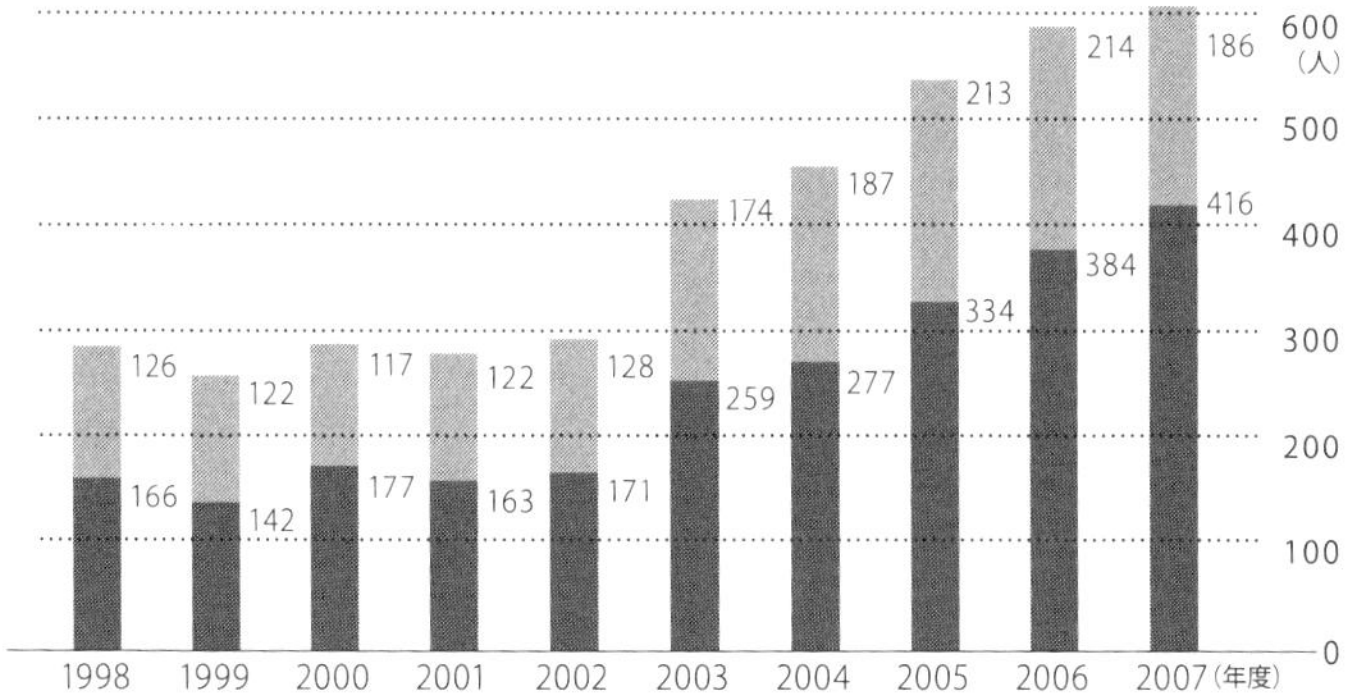

東京都では98年度から02年度まで、病休者数は264〜299人のあいだで推移していたが、03年度に前年度比 1.45倍の433人と急増。その後も増加を続け、07年度には02年度比2倍の602人となっている。そのうち精神疾患による休職者は416人、7割におよぶ。

＊図1、図2はともに、文部科学省「教育委員会月報」、「内外教育」(時事通信社)より作成

私はその先生の話を一時間半ほど聴いた。そして、「あなたは子どもといるときには気分がよいようですね」と言った。しばらく彼は考え込み、やがて表情が明るくなり、「そうです」と応えた。「教頭に呼び出されたときや職員会議のときには、うっとうしい気分になるのですね。でも、場面ごとに気分が変わるようなうつ病があると思いますか」と問いかけると、彼は「ないですよね」と気づいた。

何が自分にとって抑圧となっているのか、どんなときにうっとうしい気分になるのか。それを自分で考えて、理不尽なことに対してはおかしいと言うこと、あるいは、たとえ闘えなくても、それを自覚することが大切なのではないか。そんな話を、私は精神療法のまとめとした。

その後、その先生は、薬の量を減らしながら、短期間に体調がよくなっていった。

私が精神科臨床の第一線にあったころ、うつ病と心因性のうつ状態は厳格に分けて診断していた。研修医の指導でも、ふたつの鑑別診断をかならず求めた。

しかし、いまは違う。一九八〇年代後半、アメリカ精神医学会の「精神障害の診断・統計マニュアル」（DSM）が普及するようになって、様変わりした。彼らは「心因」とか、脳に病因を求める「内因」とかいった、それまでの原因に基づく精神疾患の分類を否定した。「大うつ病性障害」という奇妙な用語をつくり、両者を混ぜてしまった。いずれにせよ治療は抗うつ剤の投与によっておこなうのだから、鑑別する必要がないとでも考えたようにも見える。以後、抗うつ剤の「味の素化」

（隠し味化）が進行している。

折しも、飲みやすい、主観的に副作用が少ない選択的セロトニン再取り込み阻害剤（SSRI）であるルボックスやパキシル、あるいはセロトニン・ノルアドレナリン再取り込み阻害剤（SNRI）であるトレドミンが導入された。その後、SSRIは不安障害、強迫障害、摂食障害などにも投与されるようになった。

抗うつ剤が安易に投与されるようになり、うつ病と診断される人は増えつづけていった。一九八四年の全国患者実態調査でうつ病などの気分障害は十万人以下であったのが、二〇〇二年には推定七十一万人になっている。そんなことがありうるだろうか。増えたのはうつ病でなく、環境がさまざまな負荷をかけたため、心因性うつ状態が増えたと考えるべきではないのか。

八〇年代より、〝自殺はうつ病によるものが多い、早期に治療しなければならない〟と主張されつづけてきた。それでは、年間八百億円ともいわれる抗うつ剤が飲まれるようになり、膨大な数のうつ病者が治療されるようになったのに、一九九八年よりなぜ自殺者が急増し、年間三万人を超えたままなのか。新しい病名がうつ病を増し、抗うつ剤の売り上げを増し、世論を誘導しているのではないのか。

職場に問題があるのに、あるいは職場とその人の関係のとり方に問題があるのに、精神療法や環境の調整はおこなわれず、抗うつ剤だけ投与されている人があまりに多い。

III 生徒と生きる

生徒集団の交流のダイナミズムを大切にしてきた教師たちがいる。非行や暴力の問題をとおして、子どもとの人格的なぶつかりあいのなかで、子どもたちみずからが自分自身と集団の秩序をつくりだせることを確信させ、そこからともに生きる喜びを引きだしてきた。それは、教師自身が子どもたちといっしょに集団のなかで生きることであった。

そのように生きてきた教師にとって、上から下りてきた命令に唯々諾々として従うことは、ともに生きようとしていた子どもたちを置き去りにし、自分たちだけが体制に適応していくことを意味している。

自分の姿を子どもたちが見ている。背中に子どもの目を感じる。理不尽なものに対して理不尽と言えない自分の姿をさらけだす。そのとき、もはや教師ではありえない。「強制に従うだけの私」とは、教師たちにとって、教え子への裏切りとして認識されるのである。

ぶつかり、議論し、生徒が決める

樋口兼久さん（六十三歳・処分時五十八歳）
一九六九年三月　H大学文学部史学地理学科卒業
一九六九年四月〜一九七四年三月　都立今井農業高等学校教諭
一九七四年四月〜一九八一年三月　都立大州高等学校教諭
一九八一年四月〜一九九四年三月　都立高森高等学校教諭
一九九四年四月〜二〇〇四年三月　都立元木高等学校教諭
二〇〇四年四月〜二〇〇六年三月　都立藤巻高等学校教諭
二〇〇六年三月　定年退職

＊学校名はすべて仮名

教師をめざしたきっかけ

樋口兼久さんは、終戦直後の一九四五（昭和二十）年九月に生まれた。父は、徴兵検査に不合格だったため、戦争には行っていない。しかし、母の従兄弟《いとこ》は、神風特攻隊員として沖縄沖で自爆死している。母の弟は、インパール作戦で、所属部隊員のほとんどが死亡するなか、銃弾を体内に食い込ませながらも生還している。樋口さんの五歳年上の兄は、終戦直前に流行性チフスで、近隣の多くの男児と同じく、なんらの治療も受けられず死亡した。長じて、両親らからこれらのことをくり返し聞かされ、戦争への嫌悪を焼きつけている。

彼は、小さいころは気が小さく、人前で話すことは苦手だった。小学六年の委員会活動、中学校での授業や学級活動をつうじて社会への関心を深めた。また、教師という職業にあこがれをもつようになる。進学した高校は、六〇年安保（一九六〇年六月の日米安全保障条約改定に至る過程で、学生をふくむ反対運動がまきおこった）のときには連日、意見討論会が開かれ、生徒総会の決議により全生徒と教員による「市中行進」がおこなわれた学校だった。彼は地理歴史部に入り、仲間たちと討論するなかで歴史や地理への関心を高めていった。

大学では文学部の史学地理学科に学ぶ。そのなかで、多くの社会問題を友人と討論した。また、自主的に地理の研究会をつくって学んだ。友人たちとデモなどにも参加した。当時としてはそれが普通の学生の生活であった。彼は長野県人会の寮に入っており、この寮の運営は学生の自治に任されていた。このころ、「期待される人間像」、建国記念の日の制定、ベトナム戦争など★の、戦前の皇民化、軍国化を想起させる社会の動きに、平和と民主主義の危機を感じた。また、友人との討論・議論をつうじてものごとを決め、自治的に運営してゆく大切さを学んだ。こうして人と人の交流の楽しさを知った樋口さんは、教師の職を選んでいった。

荒れる学校での自治活動

最初に、都下Z市にある農業高校に赴任した。六十年の伝統があり、民主的な教育実践がおこなわれてきた学校である。しかし高度経済成長下における選別政策によって、俗に「普商工農」といわれる最底辺におかれ、偏差値は全日制高校の最下位であった。農業蔑視のなかで、まわりの高校生からもバカにされ、生徒の自己評価は低かった。都下の広域地区で下水道の整備がおこなわれているころだったので、農業土木科の生徒は各市役所や東京都の下水道局、水道局に就職できたが、ほかの学科の生徒の進路先はまちまちだった。

入学してくる生徒たちの、教師への不信感・反発はきわめて強かった。自分の意思をとおすためには、直情的・暴力的な行動に訴える生徒も少なくなく、授業ができないこともあった。

番長と呼ばれるボスが事実上、生徒を支配しており、その号令一下、全校男子生徒から金品が巻きあげられても、報復を恐れて届け出るものはいない。番長の兄が近隣の市の暴力団の幹部で、生徒はそれを知っている。そのうち、番長が交通事故を起こして負傷したとき、副番長が学校内の男子生徒全員から各一万円を集めるという恐喝事件が起こった。耐えきれなくなった生徒が訴えてきた。樋口さんは、そこで話を聞きながら、番長につくのか、学校について解決を図ってゆくのかを考えさせた。これを契機に、番長グループと教職員集団との力関係が逆転した。

それ以後も、小さな事件はたびたび起こった。生徒に事情を聞いているときや注意をしているとき、教師が胸ぐらをつかまれたり、殴られたりすることもあった。それらを見過ごすことなく、みんなの問題としてクラス単位や学年単位で徹底した討論を求め、生徒の自主的・自立的行動を引きだしていった。

彼の担任したクラスは、農業土木科という男子だけのクラスであった。ここでも暴力、喫煙、恐喝などの事件がしばしば起こった。そのつど、班長会でつくりあげた原案をホームルーム討議にかけ、クラスの取り組むべき課題を明らかにしていった。たとえば喫煙事件を契機に、「タバコは買わない、持たない、吸わない」というクラス目標を決めて取り組んだ。暴力事件をめぐっては、なぜその生徒が暴力事件を起こしたのか、背景を考えるとともに、被害を受けた生徒に問題点はなか

★中教審・期待される人間像、建国記念の日の制定、ベトナム戦争など――一九六六年十月三十一日、中央教育審議会は、答申「後期中等教育の拡充整備について」のなかで「期待される人間像」を示し、そこに、正しい愛国心をもつこと、日本国の象徴である天皇に敬愛の念をもつことを盛り込んだ。また同年、「国民の祝日に関する法律」が改正され、紀元節に由来する二月十一日を「建国記念の日」として制定。紀元節は『日本書紀』が伝える神武天皇の即位日として明治時代に制定された祝日で、四八年に廃止されていたが、保守政党や旧職業軍人などの要望を受け復活の動きが起こった。

時を同じくして、当時アメリカの占領下にあった沖縄では、激しさを増すベトナム戦争に送り込まれる米軍戦闘機がひっきりなしに飛びたっていた。

ったか、被害生徒の思いはどうかなどを、放課後遅くまで、クラスの生徒全員が残って討議した。二年生の送別会のときには、自分たちのクラスで起こった事件を生徒の手で劇にし、いっそうクラスの団結を深めていった。三年生になったときには、同学年の番長から金集めを指示され危うく動こうとした級友を、クラス全体で追及してひき戻し、上級生として下級生への指導ができるまでにクラスが成長していった。

高校生の力をここまで引きだすことができたのは、学年担任団と生活指導部とが連携していたこと、事実の調査・検証がなされ、指導原案を作成し、職員会議で徹底した議論をしたこと、方針決定のあとには実践報告や総括がなされたこと、これらが青年、中堅、ベテランの教師にかかわりなく、自由闊達な討論によりおこなわれたことによる。

多くの生徒が社会的・家庭的に困難な状況にあり、荒れていた。だからこそ教員どうし、生徒と教員のあいだで濃い人間関係を形成することができた。教師生活のほとんどの期間を、生活指導部・生徒指導部に属して仕事をしてきたが、樋口さんの生徒指導の原点は、この農業高校での経験がもととなっている。やがて職場結婚をしたため、五年間で農業高校を異動する。なおその後、国語科の教師が、生徒会をどのようにつくりあげていったかという生徒指導の実践を本にまとめた。それが全国読書感想文コンクールの課題図書に指定され、今井農業高校の名前は全国的に知られるようになった。

文化祭で生徒の力を引きだす

三校目の高森高校は、ほかの多くの都立高校と同じく、「自主・自立」の校風であった。

高森高校に勤務して五年目、一九八五（昭和六十）年の文化祭で、公演部門を市民会館から新装なった体育館へ移すことを、事前に生徒に相談せずに職員会議で決めた。学校にとっては多額の費用と時間の節約になるからだった。

これに対し、演劇部、吹奏楽部を中心とした生徒たちの反発はとても強かった。当時の生徒会執行部の力量では、生徒の要求を結集し、職員会議の決定を覆してゆくのは至難、と彼は思った。と同時に、生徒のやる気を引きだすチャンスとも考えた。生徒はさまざまな広報活動や、クラス、委員会での討論を組織し、臨時生徒総会を実現させていった。教員代表として、彼ともうひとりの教員は、生徒からの批判の矢面に立たされた。生徒総会は公演部門を市民会館に残すことを決議。それを受けた職員会議は、三時間におよぶ論議のすえ、「生徒の熱意と要望を評価し、つぎの文化祭は市民会館でおこない、そのあいだに特別予算で体育館の照明・音響設備を充実し、二年目からは体育館でおこなう」という結論を出した。

生徒たちはこの決定に自信をもち、次年度の生徒会選挙では、会長に七名が立候補するほど活気づいた。新しい文化祭をつくるための検討委員会が生徒・教員双方につくられ、多くの部門での立候補があいつぎ、各クラスでも演劇をはじめとするさまざまな取り組みが、自主的・主体的におこなわれるようになった。数年後、文化祭の中夜祭で事件が起こったときも、生徒に中夜祭の意義を考えさせ、生徒の自主・自立の活動を引きだしていった。これらの活動の積み重ねが、翌年の卒業委員会での生徒の自主的な取り組みにつながっていった。

アジアの歴史を伝える

教科指導では、地理だけでなく現代社会の授業のなかで、近現代史の問題、アジアとの関係を生徒に教え、考えさせた。それと関連して日の丸や君が代の問題、明治以来の皇民化政策の問題も取りあげた。地理の授業では現代の世界や日本、身近な地域を認識し、そこに存在するさまざまな課題の解決を考えさせてきた。そこで日本が過去にアジアで起こした侵略戦争について、それを根底で支えた皇民化教育と「日の丸・君が代」が果たした役割を取りあげることもあった。ふたたび同じ過ちを犯さないために、思想・良心・表現の自由がいかに大切であるかを、生徒たちに伝えてきた。

東南アジアについての授業では、アジア・太平洋戦争が真珠湾攻撃の一時間前にマレー半島上陸から始まったこと、その後三年半にわたって、日本軍が東南アジアと南太平洋を過酷な支配のもとにおいたこと、シンガポールは昭南島と名前を変えさせられ、徹底的な皇民化教育や日本語による授業がおこなわれ、「日の丸・君が代」が強制されたこと、「軍票」の乱発により食料や財産が奪われたこと、マレーシアの村々には日本軍によって虐殺された人びとの慰霊碑があることなどを伝え、生き残りの体験者から直接聞いたなまなましい話なども語った。

また、タイでは十万人以上の労務者が日本軍の強制労働により死んだといわれていること、その収容所の入り口に「許そう、しかし忘れまい」と書かれていること、彼の旅行中に中曽根首相の靖国神社参拝があり、東南アジア各地で抗議の声がわき起こったことなどを話した。それらをつうじて、日本の戦争責任・戦後責任を考える機会をもたせてきた。

生徒の多くは、中国・朝鮮についての日本軍の侵略のことはある程度知っていても、東南アジアへの侵略は初めて聞くことで、驚いていた。現代社会の授業では、学校教育をめぐる問題や思想・良心・表現の自由について生徒たちに考えさせたこともあった。生徒たちは賛成・反対に分かれ、たがいに相手を批判しつつも、意見の対立する問題を教育の場にもち込むことは、少数者の思想・良心を圧迫するのではないかとの意見が多数だった。

彼は、教育は「公の性質」をもつ、その「公」はけっして国家や政府を指すものではない、教育における「公」は国民であり子どもたちだ、その子どもが本来もっている能力を開花させ成長・発達させることこそ、教育の目的と考えている。そう考えながら教育実践をおこなってきた。

「不問に付す」

多くの都立高校では、卒業式は高校三年間の総括の場と考えてきた。学年担任団の指導のもと、卒業生による卒業対策委員会が組織され、その委員会が中心となって生徒の意向を集約し、式を担当する教員と協議、卒業式の原案が職員会議に提案され、承認される。卒業式は卒業生と教職員の合意のうえにおこなわれてきた。ところが一九九〇（平成二）年、学習指導要領が前年に改訂され、「日の丸・君が代」の押しつけが強まってきた。★

当時、樋口さんは高森高校に勤務していた。卒業生たちは卒業委員会の活動目標を、「三年間の締めくくりとしてふさわしい、思い出に残る卒業式をみんなでつくりあげよう」と設定した。クラス討議をくり返し、二部形式の卒業式をつくりあげた。第一部は卒業証書授与を中心に、教員が司会をした。第二部は卒業生男女二人が司会をし、「三年間の思い出」と題して、授業・行事・生徒会・クラブ活動などについて、各代表が思い出を語った。在校生と保護者の代表もお祝いの言葉を述べた。そして最後に、卒業生の代表が在校生に「高森高校の真の自由」の意味を問いかけ、それをさらに発展させていってほしい、これから社会に巣立ってゆく自分たちも真の自由を追求してゆく、と決意を述べた。

生徒たちは「日の丸・君が代」について、それが生みだされてきた歴史や意味、戦前に皇民化教育、植民地支配、侵略戦争で果たしてきた役割などを学習してきた。そして、アンケートや意見交換を積みあげてきた。そこには賛成意見、反対意見、どちらとも言えない、など多くの意見が出されていた。その結果として生徒たちは、「日の丸・君が代」問題については不問に付すという結論を出した。この不問に付すということを、生徒はつぎのようにまとめている。

「日の丸・君が代については、様々な意見があることが分かりました。私たちは賛成意見も、反対意見も、無関心だという意見も、それぞれ尊重したいと思います。個人が日の丸・君が代についてどんな考えを持とうと自由だからです。それは思想の自由という憲法十九条に保障されていることです。私たちの卒業式に日の丸・君が代をやるということがあれば、それはこのような人の数だけの思想を尊重してゆこうという行き方に反することになると、私たちは判断しました。様々な意見を表現する自由が保障されるためには、全員が出席しなければならない卒業式には、日の丸も君が代も必要ありません」

★学習指導要領と「日の丸・君が代」――学習指導要領は、学校教育法施行規則に基づいてつくられる文部科学大臣の告示。一九四七年、旧文部省により「学習指導要領（試案）」としてつくられたのち、当初は約五年ごとに、六〇年ごろからは約十年ごとに改訂を重ねている。

一九八九年の改訂では、「日の丸・君が代」の卒業式・入学式などでの扱いについて、それまでの「国旗を掲揚し、国歌を斉唱させることが望ましい」という文言が「国旗を掲揚するとともに、国歌を斉唱するよう指導するものとする」と変えられ、国旗掲揚、国歌斉唱の強制が一気に強まった。

この生徒たちが出した結論を卒業対策委員会の代表が式の最後に述べ、参列者全員に大きな感動を与えたのだった。

「日の丸・君が代」に対する想い

父親が祝日に日の丸を掲揚していたため、樋口さんは日の丸への違和感はもっていなかった。しかし、大学で日本の近現代史を学び、感性をつうじてアジアへの侵略戦争と排外思想を子どもたちにすり込むために「日の丸・君が代」が徹底的に使われてきたことを知った。「日の丸・君が代」への考えを決定的にしたのは、一九九二（平成四）年の「日本の戦後補償に関する国際公聴会」への参加である。そこで、韓国人女性として初めて従軍慰安婦であることを明かし、日本政府を訴えた金学順《キムハクスン》さんの話を聞いた。彼女は、「日の丸を見るといまでも頭が腐るように痛い」と言って泣きくずれた。半世紀近くも経つのに、戦後補償と謝罪をおこなわない日本政府と日本社会が、彼女たちをここまで苦しめている。日の丸の果たした役割の大きさを知った。

高校生のときに古文の授業で、君が代について学んだことがあった。古今和歌集では長寿を祝う歌だったものが、明治政府により天皇制賛美とその永続を願う歌に、歌詞も解釈も変えられたことを知った。戦後、日本国憲法のもと、すべての人間は法のもとに平等になったにもかかわらず、戦前の天皇賛美が引きつがれていた。大学二年生のときには、中央教育審議会から「期待される人間像」が発表された。「天皇への敬愛の念をつきつめていけば、それは日本国への敬愛の念に通ずる」と書かれていた。天皇制に疑問をもつものは「期待されない人間」ということになる。「日の丸・君が代」に対しては、自分のなかでも長い時間のなかで気持ちが揺れうごいてきた。まして、国民の「日の丸・君が代」に対する思いはさまざまである。各学校の生徒・教職員・保護者も、多様な世界観・歴史観をもっている。全員が参加する卒業式・入学式で、一方的に強制することは、そこに参加する各人の思想・良心・表現の自由を侵害する。そう思っていた。

通達、処分、強制異動

つぎの勤務校である元木高校の十年目、二〇〇三年、樋口さんは一年生の担任を受けもっていた。予定では十二年目に、ちょうど受けもち学年が卒業となる。また、そのときに彼も定年を迎える。学年団もみんなで卒業までもちあがる予定でいた。しかし異動要綱が改訂され、六年で強制的に異動させられることになった。彼も異動対象となり、校長は残留のための具申書★を書くことを拒否した。職員会議で「日の丸・君が代」強制に反対意見を述べたこと、校長の経営方針に反対したということを理由に、九月の段階で、校長は彼の異動を公言した。また、校長は教職員の反対を押しき

★具申書――校長が都教委に対し、意見を正式に伝えるための書類。ここでは、強制異動の対象となる教員を、その学校の教育活動に必要なので残留させたいという残留具申を指す。

り、重点支援校★に応募し、都教委により指定された。こうして十月のうちに、一名しかいない地理の教員である彼の異動が学校のホームページ上で公表されることとなった。

そして、「10・23通達」が下りてきた。彼は、生徒たちに、自分の頭で考え、意見を出しあい、議論をしたうえで結論を出してゆく大切さを伝えてきた。生徒会活動、文化祭の運営、クラス活動などを、生徒が自主的におこなうよう指導してきた彼にとって、従うことができるものではない。「日の丸・君が代」を有無を言わさず学校で強制することは、戦前の皇民化教育・教育勅語体制の再現であると思った。それは元木高校の生徒たちも討議して出した、さまざまな意見・考えを尊重するために、卒業式に日の丸・君が代は必要ないという結論とも対立する。

組合に入っていない教員もふくめて、校長との話しあいを数回もった。不起立すると処分される。一回目から戒告になるとも思えなかったが、どうなるかわからない。職場として、立つ立たないは個人が判断することになった。元木高校では自分をふくめて、九名が不起立であった。式の当日、覚悟していたとはいえ、現実に君が代が流れてきたとき、「ああ、来るものが来てしまった。戦前の教育勅語体制が来てしまった。自分もこのようにして体制に巻き込まれていくんだな」と思った。

翌年三月、卒業式の前日におこなわれた予行練習のときに、卒業生が校長に対し、多くの教員の理不尽な強制異動に対する質問と抗議をおこなった。彼はそれを見ていて、生徒の自主性を尊重する教育は間違っていなかったと確信した。あらためて、民主主義を担う力量をもった市民を育てることの大切さを知ったのだった。

苦しみぬいて起立

直後に異動した藤巻高校から、葛藤は酷くなった。藤巻高校には、前年度の卒業式で不起立の教員はいなかった。着任してすぐの職場会で、不起立で処分を受けたことを告げると、みんなが驚いた。しかし好意的に受けとめてくれ、直後の入学式では会場外のもち場に替われるよう、校長に要請をしてくれた。校長もその方向で考えてくれていたが、彼は、自分が外に出るということは、だれかがなかに入り苦しみを味わうことになると考え、予定どおりなかに入ることに決めた。

ところが、嘱託をしていた人や採用が決まっていた人が、不起立により解雇されたことを知った。彼は定年後も、嘱託による再雇用で働くことを希望していた。嘱託になるためには立たざるをえない。定年は二年後。その間、職務命令に従えば、まさか採用を拒否されることはないだろう。一回目でも戒告、三回目には免職になるという話も流れていた。教壇にまだまだ立って、生徒たちに自

★重点支援校――「校長がリーダーシップを発揮している」「自律的改革のビジョンが明確である」「改善の取り組みに成果を上げている」と都教委に認められ、重点的な支援を受けている学校。年度ごとに九～十五校が都教委により重点支援校に指定され、三年間にわたって人的支援や特別な予算を与えられる。各学校への予算が大幅に削減されているなか、学校間格差の拡大を招いている。

分の頭で考える大切さ、自分の意見を言い、人の意見を聞く大切さを伝えたかった。三月までいた元木高校での卒業式は、自分が教えてきた生徒の卒業式だった。教えてきたことに反する行動は、生徒を裏切ることになる。起立などとてもできなかった。一方、藤巻高校の入学式では、生徒はまだ自分のことを知らない。教職員も彼の教育実践を知らない。裏切ることにはならないだろう、と自分を納得させようとした。しかし、それでは自分の教育実践を否定することになる、自分の思想信条を裏切ることになる。

教師を長く続けたいとの思いと、自分を裏切りたくないとの思いで、やがて眠れなくなった。いままで教えてきた卒業生たちの顔が浮かんでくる。生徒たちに言われた、「きれいごとを言っても、先生たちは最後には裏切る」という言葉を思い出す。同じく教師をしている妻とも話しあった。立つ立たないは自分の判断で決めるしかない、との結論になった。結局、起立せざるをえないと決めたものの、これでいいのか、自分のやってきたことを否定し、教え子たちを裏切ることになってしまう、といたたまれなくなった。

入学式、君が代が流れている四十数秒間、立ったまま下を向いていた。まわりが真っ暗になり、何も見えない。これでいいのか、教え子たちを裏切ってしまう。戦前の教育勅語体制になってゆく、自分もそれに荷担している。この痛みは、起立している教師全員が抱えている痛みなんだ、とも思った。嘱託への希望、処分が重くなってゆくことの怖さからの起立ではあったが、のちのち、そのときの重い暗闇、痛み、情けなさが追いかけてくる。職場や校長に頼んで外と交替してもらったほうがよかったか、休暇をとったほうがよかったか、とも思う。うっとうしい後悔はいつまでも続いた。これまでの、生徒指導に打ち込んでいた自分はなくなっていた。

採用拒否

樋口さんは、藤巻高校に勤務して二年で定年を迎えた。さらに嘱託(非常勤)勤務を五年間おこなうつもりで、再雇用選考の申し込みをした。藤巻高校の校長は、「かならず採用されるだろう、ある校長から、その際はぜひ来てほしいと言われている」と言った。しかし、二〇〇六(平成十八)年一月末、嘱託不採用が伝えられた。校長は不採用の理由を都教委の人事部選考課長に聞いたが、「公表できない」との回答しかこなかった。校長は、「再発防止研修を受けて終了したのだから採用すべきではないか。彼は校務もきちんとおこない、教育にも熱心に取り組んでいる」と述べたという。嘱託採用拒否撤回裁判において、都側は不採用の理由を「国歌斉唱」時における職務命令違反と述べている。これは戦前の「もの言わぬ教師づくり」であると思う。

教壇に立てなくなった樋口さんは、いま、さまざまな学習会や地域調査に参加している。現役時代は日常の業務に追われ、十分にはできなかった。嘱託員に採用されていれば、学んだことを授業に活かせるのに、生徒に伝えられるのに、といつも思う。

精神医学の視点から

樋口兼久さんは、終戦直後に生まれた。戦死者が家族・親族のなかに多く、戦争の影が彼の少年期に色濃く残っている。

彼は、大学で人文地理学を学び、一方では県人会の寮生活を送る。それまで内向的だった青年が寮の学生と討論したりして、人間づきあいの楽しさを体験した。こうして人とのつきあいの手ごたえを知った彼は、教員になる道を選んだ。

ところが、教師として教科を教えるつもりで赴任した学校は、「荒れる農業高校」だった。そこで、寮生活で身につけた、話しあいをしながら、ふれあいながら、相手といっしょに変わっていくという構えで子どもたちにかかわっていった。

それまでの、事件が起こると罰を与えて処理するという管理から、問題・事件をとおして自分たちのおかれた状況などを考え、集団としての可能性を高めていこうとする教育への変化が、しだいに荒れる学校を沈静化させ、子どもたちに自己肯定的な感情をもたらしていった。これが、教師として彼が成長していく最初の体験であった。

三校目の高森高校では、演劇や吹奏楽の発表の場を学校側が一方的に変えようとしているのに対し、生徒たちが討論によって意見をまとめ、従来どおり市民会館の使用を勝ちとっていく行動をみて、生徒たちが自分たちで決めていくことが、社会化していく過程でいかに大切であるか、彼と同僚たちは学んだ。

もうひとつは、同じ高森高校の卒業式。生徒たちが「日の丸・君が代」についても討論をしながら、強制にそのまま従い、友だちのなかに分断を引きおこしていくのはよくないと結論を出していく。そういう力が、三年間の生活そのものをふり返り、大きな自信をもって卒業していく手づくりの卒業式をつくりだしていた。樋口さんもそれを見て、自分たちで討論しながら自主的に決めていくことが、かれらの成長をいかにうながしていくか、確信をもっていった。

つぎに異動した元木高校も、卒業生たちの卒業対策委員会による自主的な卒業式がおこなわれていた。そんなところに「10・23通達」が下りてくる。それまで「日の丸・君が代」について、「国旗・国歌だから受けいれればいい」と思っていた生徒たちも、上からの強制という手段に対して抵抗感をもっていた。彼には、現在の教育がしだいに国家主義的になっていくことに対しての危機感も重なっていた。一番強い抵抗感は、自主的に決めることによって子どもたちが育っていく、とりわけ学校というひとつの集団が自主的な交流によって育っていくということ、それが潰されることに対するものである。そして樋口さんは不起立をとおす。多くの同僚も不起立であったし、学校全体も好意的であった。

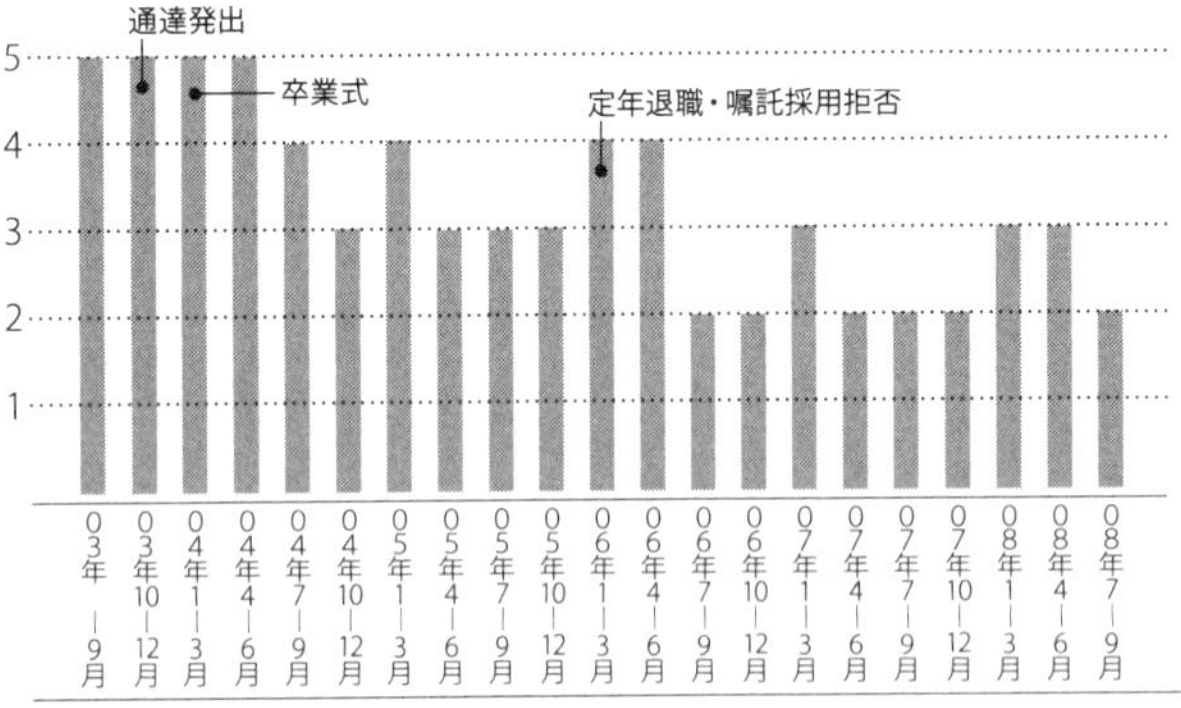

✦樋口兼久さんの精神的負荷

しかし、つぎに移った藤巻高校では、移ったばかりで同僚たちとのコミュニケーションも少なかった。彼は悩んだすえ、起立する。起立のあと、自分の教育に対する考え方を否定してしまったと悔やみ、葛藤状態が酷くなった。不眠になり、子どもたちの顔が浮かんできて、子どもたちに信用されなくなるという思いが追いかけてくる。彼は、子どもとの人間的な交流をもっとも大切にしてきたので、子どもの信頼を裏切るということは耐えがたかった。このときは起立して黙って下を向いていたが、まわりが真っ暗になって見えなくなった。「裏切った」という思いが強く迫ってくる。

こうして、彼はこれまでの教師としての考え方を力ずくで壊された。後悔はいつまでも続き、これまで生徒の指導にあたってきた自分はなくなってしまったと感じた。いつまでもこの自責感が、大きく覆いかぶさっている。

症状としては、図のように、二〇〇三年から二〇〇六年の六月まで、強い負荷が続いている。定年以降も、式の季節になると強まっている。

いまや、「裏切ってしまった」という思いが、持続する精神的負荷となっている。

身体的症状としては、不眠、悪夢。感情のレベルでは怒り、自責感。抑うつの症状としては、焦燥感、空虚感がある。自己像の変化はひじょうに強く、基本症状となっている。自分がいままでつくってきた生徒たちとの信頼を裏切ってしまったという、強い罪悪感がある。不当なことをさせられた、侮辱されたという感情以上に、自責感が強く、苦しみつづけている。

生徒が創る「最後の授業」

横井正さん（五十七歳・処分時五十二歳）
一九七六年三月　I大学大学院園芸学部（農芸化学専攻）修士課程修了
一九七六年四月〜一九七七年八月　M大学付属湯川高等学校教諭
一九七七年九月〜一九九九年三月　都立清沢農業高等学校教諭
一九九九年四月〜二〇〇七年三月　都立星宿農業高等学校教諭
二〇〇七年四月〜　都立小山農業高等学校教諭、現在に至る
＊学校名はすべて仮名

教師をめざしたきっかけ

横井正さんは一九五二（昭和二十七）年に東京で生まれた。小さいころ、電車が大好きで、蒸気機関車の機関士にあこがれた。理科の実験が面白くて、化学に興味をもつようになった。理系が好きなわりに数学が苦手で、目が悪かったこともあって、大学は農芸化学科に進んだ。教師になった背景には両親が教師だったこともある。父親に大学で教職課程をとることを勧められ、教育実習で中学生とふれあってとても楽しかった。夏休みに父親が家にいることが多く、好きなことにじっくり打ち込める教師の生活は魅力的に思えた。

大学卒業時はちょうどオイルショック、就職がきびしかったこともあり、Ｉ大学の大学院に進んだ。このときＭ大学付属高校で非常勤講師をした。大学院の修士課程を修了し、専任教諭になった。しかし、通勤に時間がかかりすぎたのと、文科系の学校で肌が合わなかったので、東京都の教員採用試験を受験し合格した。Ｍ大学付属高校の教諭を一年半勤め、一九七七（昭和五十二）年九月に東京都の高校の教員になった。

生徒が問題を解決する

都立高校に移って最初の赴任校は、清沢農業高校の全日制だった。担当は食品製造科で、食品製造、食品分析、茶の栽培加工、総合実習などを担当した。初めは生徒の学問的な興味のレベルの低さにがっかりした。それまで身につけた知識や学問を活かすどころではなく、日々の生徒への対応で精一杯だった。辞めていく生徒も多かったが、なかには目覚めて勉強しだす生徒もいた。成長が見られるのはうれしかった。教師という職業の価値がわかっていった。職場の同僚から鍛えられて、だんだん自分も成長していっているのだと実感できた。

ホームルーム指導に傾注し、生徒とのぶつかりあいのなかから新しいものが生みだされていく充実感を味わうことができるようになった。生徒とともに考え、生徒自身が問題解決の方法を導きだすように心がけた。

たとえば暴力事件。一九八二（昭和五十七）年か八三年だったと思うが、地域の正月のだるま市の際に、清沢農業高校の生徒どうしが暴力事件を起こした。それまでも暴力事件は何度かあったが、このときは生徒に暴力事件が起こる背景について、徹底的に考えさせることから始めた。生徒どうしが日常、悪ふざけをしたり、みんなでたむろしたりすることなどが、暴力へと発展していくこと、根本は、学校生活をどう考えていくかであることに気づかせようとした。徹底した話しあいをもち、反省文を書かせ、生徒たち自身が決議文を作成するまでに至った。最終的に重い処罰を出さずに問題解決を図ることができた。事件が起こったら、いかに処分するかではなく、よくなるためのきっかけとすることだと、生徒も教師も前向きに受けとめられるようになった。

教師どうしも粘り強く話しあい、ホームルームでも生徒の自主性を重んじた。生徒どうし、生徒と教師が十分に話しあい、さまざまなことを決め、実行していくという文化が育っていったと思う。強制ではなく、生徒自身に考えさせて問題解決へと向かわせるという、教師としての基本姿勢をこのような体験のなかから身につけていった。

奪われた手づくりの卒業式

一九九九（平成十一）年に、横井さんは星宿農業高校へと異動した。担当科目は農業基礎、食品化学分析、総合実習、食品栄養などであった。クラブ顧問として食品化学部を受けもち、生徒の資格取得を援助・推進した。この学校では担任業務を希望する教員が少なかったので、彼はみずから希望して六年間、担任業務（八年在職のうち）に就いた。その一度目の担任として卒業生を送りだしたのが二〇〇三（平成十五）年の三月、「10・23通達」が出されるまえの、いわば自由な卒業式の最後となったものだった。

星宿農業高校では伝統として、卒業式の企画は、生徒の代表で組織された卒業式対策委員会、三学年担任団、総務部の卒業式担当が、それぞれ卒業式のイメージを出しあい、話しあいを重ねながら決めていた。したがって、毎年、生徒の意向が反映される卒業式をつくりだすことができていた。教師も生徒も、卒業式はまとめとなる「最後の授業」と位置づけ、とくに各科の代表の生徒が読みあげる答辞は、思いが込められたものとなった。答辞が三十～四十分以上になり、この高校の卒業式の名物になっていた。答辞を聞きながら涙する生徒や保護者も多数いて、教師にとっても素晴らしい晴れの日だった。

卒業制作の品々が式場の入り口付近の誘導路を埋めつくし、梅の木のアーチが会場入り口に置かれたりした。都市園芸科が育てた草花が、会場内・舞台上を埋めた。星宿農業高校ならではの丹精込めた手づくりの、心の込もった卒業式だった。保護者もいい卒業式だと感動していた。

しかしながら、このような、生徒たちが積極的に参加してつくりあげていく卒業式は、これが最後になってしまった。半年後の二〇〇三年十月、「10・23通達」が出され、職務命令下の画一的な儀式になったからである。

彼がなにより悔やむのは、生徒たち自身が丹精込めて植物を育てあげていくように創造していた手づくりの卒業式が、「日の丸・君が代」にこだわる行政当局によって、卒業証書授与式に一方的に変えられてしまったことであった。卒業式の主役である卒業生の思いをまったく汲みとることなく、行政の意図を貫徹させるために教師を処分で脅すなど、教育の場にはあってはならないことだと思う。自分たち教師も被害者だが、一番の被害者は手づくりの卒業式ができなくなってしまった生徒たちだったと思う。いまだに心がうずく。

「10・23通達」が出されたとき、彼は総務部で卒業式担当のひとりだった。卒業式の企画・立案の責任者の立場にあり、都教委の意を受けた校長と直接ぶつかりあうことになった。彼個人としては、「私は従うわけにはいかない」と校長に言ったが、卒業式の企画・立案をしなければならない立場としては、どう責任を果たしていけばいいのか困惑した。どんなに校長と話しあっても、職務命令を出さない卒業式は不可能だとわかり、総務担当者としては提案することをやめるという結論に至った。職務命令で卒業式を強行する校長に丸投げしたのである。

通達が出されてから卒業式までのあいだ、悩みつづけ、体調も悪化していった。責任者の立場、手づくりの卒業式ができなくなる無念、都教委や校長に対する怒り、それらが入りまじった。空腹時の胃の痛みがひどくなり、夜中に目が覚める。職員会議でなかなか決まらない、自分の責任を果たしていない、そんな夢を見て目覚めると、汗をびっしょりかいていた。寝つかれず、眠りは浅く、睡眠不足で疲れきった。受診すると、十二指腸潰瘍が悪化していると診断され、いまも薬を服用している。

このような経過を経た二〇〇四（平成十六）年三月の卒業式。彼は校長の命令で警備の仕事を担当させられ、式場には入れなかった。式場で職務命令に従わなかった同僚の数人は、処分を受けてしまった。同じ思いでいながら自分は処分を免れたことが、新たな悩みとして加わった。

なぜ命令に従わなかったのか

翌月の入学式。横井さんは希望して新一年生の担任になっていた。新入生の担任としては入学式の式場にいないわけにはいかず、校長から「指定された席で、国旗に向かって起立し、国歌を歌うこと」という職務命令を受けた。しかし、彼はみずからの思想・信条・教育上の信念から、どうしてもこの命令には従えなかった。

まず、生徒のなかには少数とはいえ、在日韓国・朝鮮人やクリスチャンがいると予想でき、「日の丸・君が代」に抵抗感をもっている生徒に一律に強制すべきではないし、自分も加担したくない。

第二に、父親の反省をしっかり受けとめたい。自分の父は戦前、軍国主義教育の一翼を担っていた。その父親を、「どうして戦争に反対せず、生徒を戦場に送ってしまったのか」と、問いつめたことがあった。そのとき父は、「社会全体が戦争というひとつの方向に向かってしまうと、自分ひとりが反対できるものではない。間違った方向に進むまえに、思想・良心の自由を守り、動きを止めないと無理だ」と言った。都教委による「日の丸・君が代」の強制は、思想・良心の自由を認めないという間違った方向に進みはじめる第一歩である。人の命を育てる教育者として見過ごすわけにはいかない。

第三に、思想・良心の自由を尊重することは、自分が教師としてもっとも大事にしてきた信念である。さまざまな生徒がいて、さまざまな考えがある。多様な考えを認めあい、少数の考えも尊重し認めあえる人間を育てることが、教育の根本である。教師体験のなかで培ったこの信念に反することは自分にはできないし、してはいけないと思う。

第四に、自分が納得できないことを、処分や命令で脅されたからしかたがないと従ってしまっては、これから先、生徒と正面から向きあえなくなってしまう。権力には従うしかないと行動で示すことは、教育者としての資格を失うことである。

終わらない苦しみ

一度は自分に正直に行動し、命令には従わなかったが、その後は苦渋の選択を横井さんはしている。職務命令は出されつづけ、命令違反を重ねると、処分は減給・停職へと重くなっていく。生活に直接、響いてくると思うと、どうしても躊躇《ちゅうちょ》してしまう。二〇〇七（平成十九）年三月の卒業式では、管理職から「立ってください」と言われ、思わず一度起立し、これではいけないとまた座りと、立ったり座ったりをくり返し、自分でもわけのわからない行動をとってしまった。

二〇〇七年四月、小山農業高校へ転勤した。着任早々の入学式では、周囲の状況がよくわからなかったことや、処分を重ねることへの不安から、自分の気持ちを裏切って命令に従ってしまった。しかし彼は、こんなことでは出会った子どもたちと目を合わすこともできないと後悔の念が強まり、教師としての仕事を続けていいものかと、さらに苦しむようになった。

辞めたいと思うこともしょっちゅうだが、都教委に対してしゃくだから、辞めてたまるかとも思い、茨《いばら》の上を歩く思いでなんとか続けている。十二指腸潰瘍もよくならず、頭痛もひどい。医者には、教師を辞めたらよくなると言われたが、辞める決断はつかない。

（その後、横井さんは二〇一〇年三月をもって早期退職することを決断。妻が病気であることも理由のひとつだが、なにより悔しいのは、この問題のあぶりだしによって辞める結果になることだという――編集部注）

精神医学の視点から

横井正さんは、小さいころ動くものに関心を示し、父母にも支持されて大学は理系の農芸化学科に進学した。卒業時、オイルショックで一般企業への就職も難しかったので、大学院に進み、同時に私立高校の講師になり、教えることの楽しみを覚えた。同校の専任教諭を経て、都立高校の教員となるが、初任校は勉強よりも生徒指導が忙しい学校であった。そこで生徒の暴力事件に突きあたる。処分ですませるのではなく、生徒たちが討論をしていくなかで、暴力を許しているクラスの人間関係に気づいていくよう、うながしていく。学校での事件をマイナスに考えるのではなく、よくなるためのきっかけだとみんなが気づく、そのことの意味を彼はこの学校で確信した。

勤めていた農業高校は、卒業する生徒が三十分も四十分もかけて、学んできたことの意味を語る卒業式をおこなっていた。生徒たちが三年間で何を学んだかを、自覚して卒業していく卒業式であった。上から証書をもらうだけの授与式ではけっしてなかった。

そういった学校を経て、教師としての生き方をつかんだころ、「10・23通達」に直面する。彼が考えていた、個々人が自覚することの大切さを学ぶ学校は一気に壊されてしまう。彼はそのころ、総務部で卒業式の担当のひとりであった。一方的に子どもたちによる卒業式が壊されていくのに何もできなかった。責任を感じ、彼は空腹時に胃の痛みを感じるようになり、気がつくと、夜にとび起きて汗をぐっしょりかくようになった。

やってきた二〇〇四年三月の卒業式では、式場外の勤務を割りあてられ、処分されることはなかったが、同僚のなかには処分を受けた人もいた。その結果、自責の念にさらにかられることとなっ

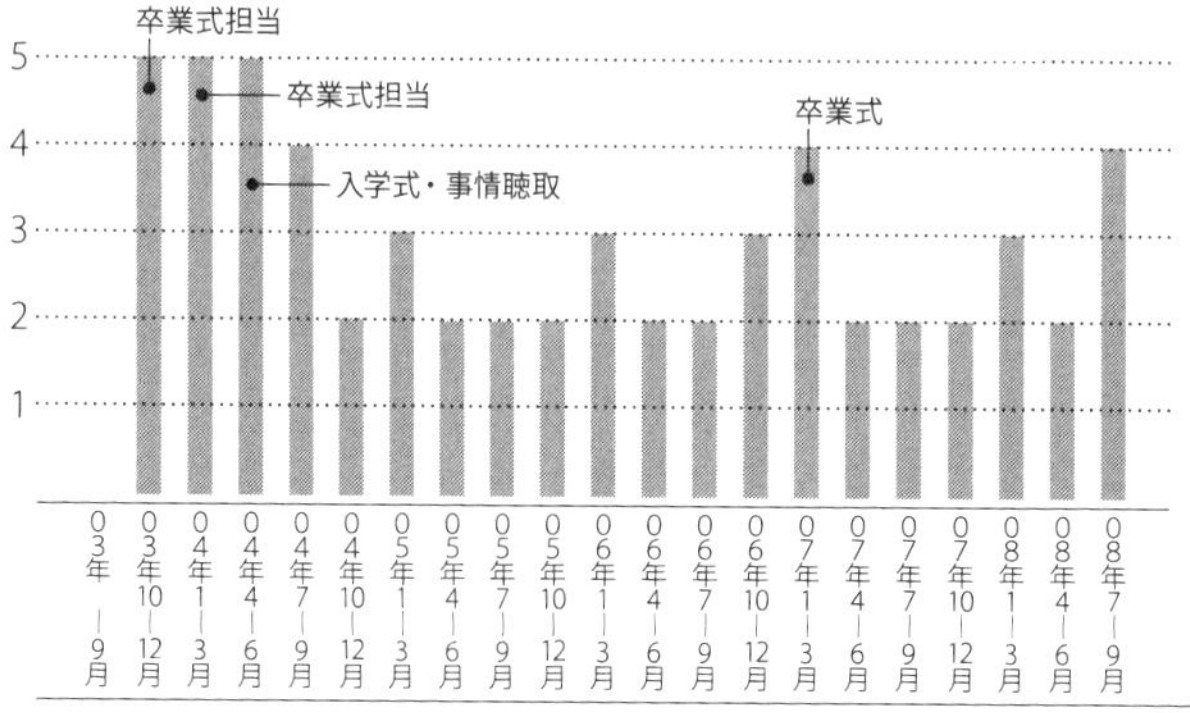

✦横井正さんの精神的負荷

た。二〇〇四年の入学式は起立せず処分を受けたが、その後は将来のことを思って起立している。とりわけ二〇〇七年の卒業式、管理職から「立ってください」と言われ、思わず立っていた。そのとき、自分が何をしているのかわからないような精神状態におちいっており、自己嫌悪が強くなった。以来、自分の気持ちの整理がつかない状態が続いている。その結果、子どもたちと正面から目を合わせることができなくなり、教師として仕事を続けてよいものか、という思いにかられるようになる。しかし、教師を辞めたいと思いながらも辞められず、十二指腸潰瘍もひどく、頭痛もひどいままである。

身体化された症状としては、消化器症状が目立つ。心機部の痛みや、十二指腸潰瘍の悪化がみられる。精神的な負荷があるため、薬を飲んでも好転していない。不眠や悪夢もある。

感情面では、感情の不安定や、内向した怒りの症状がある。自責感がひじょうに強く、自分はだめだ、と自己破壊的にまでなっている。焦燥感、自己像の変化、自分は起立してしまったので教師として信頼を裏切ったという自己否定的な面が強い。そのための絶望感、このままこの仕事を続けてよいのか、と自責は果てしなく堂々巡りしている。

彼にとって、教師は信頼できる人間でなければならない。その教師像にあっていた自分が、不当命令に従うことによって破壊されたのである。そのことで強く自分を責めながら日々を送っている。彼自身が何か意図して起こした犯罪行為でもないし、過失でもないにもかかわらず、学校の状況が変わったためだけに、善良で熱心な教育者がこれほどまでの負荷をこうむっている。

精神的負荷の図では、通達後の二〇〇三年十月より翌六月まで最悪の状態が続き、その後、式の季節ごとに悪化している。それ以外の時期も、思い出したくないが、何度となく思い出す負荷が続いている。

伝え続けるということ

佐々木義介さん（仮名／四十八歳・処分時四十三歳）
一九八四年三月　Ｊ大学教育学部理学科生物専修卒業
一九八四年四月～一九九四年三月　都立馬場高等学校定時制教諭
一九九四年四月～一九九七年三月　都立岸高等学校定時制教諭
一九九七年四月～二〇〇三年三月　都立高砂高等学校教諭
二〇〇三年四月～二〇〇九年三月　都立桜ヶ丘高等学校教諭
二〇〇九年四月～　都立春馬高等学校教諭　現在に至る。

＊学校名はすべて仮名

教師をめざしたきっかけ

佐々木義介さんは一九六一（昭和三十六）年、Ｇ県の住職（曹洞宗）の家に長男として生まれた。少年時まで父が教師だった記憶はある。母も小学校の教員だったと聞いたが、彼が生まれるまえにすでに辞めていたという。

しかし、両親の教職経験が彼に教師の道を選ばせたわけではない。小・中・高校時代に「こんな先生になりたい」と強く印象に残る教師に出会ったわけでもなかった。少年時代は腕白ないたずらっ子で、よく職員室に立たされた。高校卒業後、上京。一浪して翌年、J大学教育学部理学科生物専修に入学する。もともと生物は好きだった。最初は動物行動学に興味があったが、最終的には植物生理学教室で学んだ。とくに強い理由はなかったが、動物を学ぶ学生がすでに多かったこと、また動物「実験」にいささか抵抗があり、植物の場合はそれほど抵抗を感じなかったからだ。

入学したてのころ、教師になろうという気持ちはまったくなかった。教師の道を選ぶことになったのは、もともと生物が好きであること、卒業後、若い人に教えながらみずから勉強するのも悪くないと思ったからだ。そのほか、当時の都立高校の教員は、週に一日、研修日があり、賃金の面でもそれなりに優遇されていたことも彼をあと押しした。いくつか内定をもらった会社もあったが、結局、教師になった。

G県に帰るという選択は考えなかった。長男でもあり葛藤はあったが、住職になり寺を継ぐという意思はまったくなく、そうであれば郷里に戻る必要はないと考えた。卒業後すぐに結婚したこともあった。

定時制の生徒たちと

教師生活は馬場高校定時制からスタートした。

ここで初めて、「自分がこれまで経験したことのない新しい世界」に出会う。生物を教える以外に、生徒の生活そのものにかかわらざるをえないことが多くなったのである。彼は驚き、とまどった。そのなかで、教科でも生活指導でも、さまざまな工夫を試みた。教科指導でとくに力を注いだのは「性」に関してである。

当時の定時制高校生には、性の知識はないが「行動」が先行するという生徒が少なからず存在した。授業を教える過程で、彼はさまざまな観点から性について勉強し、たくさんの文献を読み、それを教材化した。現在でも授業で性の問題を取りあげるとき、多くの教材はこのとき勉強したことが土台になっている。生物であるから、「受精から誕生へ」といったオーソドックスなテーマもむろん扱う。それだけでなく心理学や社会学、あるいはフェミニズムなどの視点を交えて話すこともあった。定時制はそれほど受験勉強に力を入れる必要がなかったことが、そのような授業を可能にしていた。

佐々木さんは「人権」を主題としてとり扱った。自分自身を大事にすると同時に、相手を大事にする。たがいを尊重し、愛おしいと思う基本は「よく知る」ことであると、授業をとおして生徒に語りつづけてきた。

馬場高校定時制から異動したあとに、図書の先生が作成してくれた生徒の文集を読むと、生徒は、もっとも印象に残った先生として自分のことを好意的に書いてくれていた。

生徒の日常生活の琴線に触れるような授業ができたことがうれしかった。自分のメッセージを生徒がきちんと受けとめてくれたのだと思った。生徒にとって自分は、「理想の人間」だったなどとはけっして思っていない。ただ、性に関して違った視点を提示できたことで、生徒たちは、「こういう見方があったのか」「やはりおたがいを大切にしなければ」といったメッセージを残してくれたのである。「ああ、そうだったのか」と納得してくれたことが、「印象に残っている」「よかった」という表現につながっているのではないかと彼は考えている。

もの言わぬ職場

佐々木さんは、自分が教員になったころから、都立高校は悪い方向に変わりつつあるのではないかと感じはじめた。都立高校のなかでも有名な「馬場高が◯◯している」となれば、都教委はそれを前例として、ほかの高校に対して強く要求できると考えているのではないか、とも感じていた。たとえば、馬場高校では、卒業式で日の丸をどうしても揚げたいという校長の要望は昔から出されていた。そのころは遅くまで話しあい、最終的に校長は断念していた。教職員と管理職が話しあえる余地は残っていた。

本当におかしいと感じたのは、都教委が諮問したメンバーによる一九九八年の「都立学校等あり方検討委員会」（通称「あり方検」）の分厚い報告書★に接したときである。この報告書に基づいて、職員会議は議決機関でなく、校長の「補助機関」として位置づけられた。主任による企画調整会議★★が設置され、人事委員会や予算委員会は存在そのものが否定されるなど、新たな管理運営規程が策定されることになった。

これが現在の酷い状況を生みだす原因となっているのではないかと、彼は感じている。報告書を一読した彼の当時の感想は、「破って投げつけたい」であった。教える側の主体である教師をまったく信用しないという精神に貫かれ、教職員をたんなる「機械」としてしか見ていない。一ページ一ページ、読むたびに怒りがこみあげてきた。これがそのままおこなわれたら大変なことになると思った。

★都立学校等あり方検討委員会（通称「あり方検」）の報告書——一九九八年三月二十六日に都教委が出した「都立学校等あり方検討委員会報告——校長のリーダーシップの確立に向けて」のこと。前年の都立新宿高校における時間割問題を機に、全都立校を対象に調査がおこなわれた。これを受けて都教委は、問題の改善策を考え、都立学校や都教委のあり方を検討する「都立学校等あり方検討委員会」（通称「あり方検」）を発足。委員会のメンバーはすべて都教委の内部関係者であり、現場の教職員はふくまれていない。その検討結果として出された報告書は、従来の学校運営とはまったく違うやり方をめざすものであった。

★★企画調整会議——校長、副校長、経営企画室（以前の事務室のこと）長、主幹教諭などで構成され、校長の補助機関として、校務に関する企画立案・連絡調整などをおこなう。この会議で議論され決定された事柄は、職員会議でほかの教職員に伝達される。一九九八年七月、「東京都公立学校の管理運営に関する規則」が改定され、設置が義務づけられた。

その後おかしいと思ったのは、職員会議での発言が減ったことである。彼はそれでも発言してきたが、全体としては「発言してもしかたない」という雰囲気が蔓延しはじめた。加えて「多忙化」の問題がある。細かい雑務が多すぎる。給料も、昇給のカーブが抑えられ、年功型賃金の見直し、本来、格差があってはならないはずの教師の階層分化がはじまった。彼は、東京都への「忠誠度」によって給与体系を決めるという流れに沿ったものと考えている。このままいけば、二十年後は東京のみならず、確実に日本の社会も、また子どもたちも、悪しき方向に変わってしまうのではないかと危惧した。

仕事が増え、研修の機会も狭められるなかで、「教師を辞めたい」という衝動にかられることもあった。しかし、仕事を辞めたら食べていけない。妻子を養うためにも辞めることはできない。

そのような反面、どんなことがあっても、辞めさせられるまで自分からは辞めない、みずから考え、判断することをせずに、ただ言われたとおりに動く人間はつくらない、子どもたちに「それは間違っている」ということを伝えられる、伝えなければならない立場にいるという強い自覚をもつに至った。

そうした考えをもつ者は、都教委にとってもっとも嫌な存在のはずである。それならばこの立場に少しでも長くとどまり、どんなに苦しくても絶対に辞めない、さまざまなことを生徒に伝えたい、という思いがむしろ強くなっていった。

それでもときには、逃げだしたい気持ちになることはあった。とくに職員会議があった日はひどくなる。入学式や卒業式のことでいくら校長に質問しても、まったく答えてもらえず、むなしくて、悔しくて、家に帰ってもいろいろな思いがこみあげ、眠れない日もたびたびあった。校長の背後には都教委がいて、選択肢のない校長を責めるのは酷かもしれない。しかし、校長は学校内の事柄について、形式的であれ決定権をもっている。少なくとも、「自分の権限で職務命令を出す」と言っているのだからもっと説明すべきだし、質問に答えるべきと、彼は思っている。

国際交流を続けるなかで

佐々木さんは、家族ぐるみで国際交流の活動を続けている。これまでに、ほぼ世界の全域の三十か国以上から、のべ百人以上の人びとをホームステイで受けいれてきた。費用の問題もあり国外へ出かけることは少ないが、これまでにロシア、韓国、マレーシアなどを訪問している。ロシアではウラジオストクに近いウスリースクで一週間、ホームステイをした。それから韓国の内陸部の昌原《チャンウォン》、マレーシアのペナン島にも行った。ホームステイした人が、そのお礼にと自分の結婚式に招待してくれたこともあった。

彼は、国際交流をつうじて「日の丸・君が代」についても考えるようになった。ペナン島にホームステイしたおり、中国人の華僑の人がホストとしてあちこち案内してくれた。博物館に入ると、そこには日本の占領下の遺物が展示されていた。ホストも彼も、たがいに言葉を失ってしまった。日本の残虐さをことさら強調していたわけではないが、それでも黙ってふたりで見て歩くだけだった。

彼は直接、残虐な行為をした軍人ではない。しかし、過去があって現在がある。「日本という国」に生まれた事実から目をそむけてはいけないと思った。それ以来、「南京大虐殺」や「三光」といった歴史的事実についての本を読み、写真を見て学習した。どうしても、日の丸や君が代についてよい印象をもてなくなった。逆に、高校の教師になってそうした歴史を学んだ部分が大きく、それ以前はあまり深く考えていなかったことに気づいた。以前は、日の丸や君が代にそれほど強い違和感をもっていなかった。

都教委が理不尽な押しつけを始めてから、そうした歴史を勉強して、ますます違和感が強くなった。占領地に対して無理やり「日の丸・君が代」を強制してきた「皇民化政策」などの歴史を学ぶと、どうしても嫌悪感はぬぐえないのである。生徒のなかには「在日」の子もいる。在日の子や保護者がいるところで、そうした歴史的事実があるにもかかわらず、「さあ立って歌ってください」とはあまりに酷い要求であると思う。

伝える自由

佐々木さんが大学を出たのは一九八四（昭和五十九）年である。戦争や侵略について、自分はほとんど授業を受けていない。これは受けさせないという体制があったからではないか、知らせないという力が働くのはおかしいのではないかと思った。そうした状況を変えたい、まず知ることから始めなければ状況は変わらない。

数日前、彼は友人の音楽教師から一通のメールを受けとった。もとの同僚だった。「職場の仲間がともに闘ってくれないから本当につらい。闘うべき相手が校長や都教委ではなく、仲間になると、もう闘うことはできない」という内容であった。友人は君が代の伴奏強制に抵抗していたが、職場の仲間の代表からも「一回くらいピアノを弾いてくれないか」と頼まれ、自分を殺してピアノを弾いたという。その昔、奴隷制度があったとき、奴隷が闘ったのは地主ではなく、同じ境遇の奴隷だったとも友人は書いていた。

戦争中、「非国民」と呼ばれた人びとを傷つけたのは、彼らがともに暮らす地域の人びとであった。同じように、仲間であるはずの同僚からピアノ伴奏を頼まれることは、職務命令よりも友人の心を深く傷つけることだと思う。

試験に戦争の問題を出したら右翼が来る。そこには言論の自由はなく、彼の目に見えるものは圧力だけである。圧力がかけられるとなると、人は自己規制する。そうなってしまえば、「表現の自由」の保障など実効性のない空文になってしまう。それではいけないのだと生徒に伝えつづけたい。それを伝える自由くらいは、まだ残されているのではないか。

いま、怖いと感じるのは保護者である。保護者から「こんなことを授業で話してるのか」と抗議を受ける可能性はおおいにある。だから言葉は慎重に選ばなければならない。だが、まがりなりにも憲法によって言論の自由は保障されているのに、自分たちがあまりに自己規制したら、まさに憲法は死文化してしまうだろう。クビにならない程度に「うまく」伝えつづけていきたいと思っている。

内心によって決まる処分とは

「10・23通達」(二〇〇三年)が出た直後は、「そんなの嘘だろう」「そこまでやるはずがない」という非現実感が先に立った。ふり返れば楽観的すぎたかもしれない。その後、読みなおしてみて、「自分はこれからどう行動すればよいのか」という悩みがしだいに大きくなっていった。

「日の丸・君が代」の強制は象徴的だが、座席の向きや式場のかたちなどもこと細かく決められており、学校が決めるべきことを決められなくなることに、一番抵抗があった。彼の知りあいの教師が、いわゆる進学校に異動した直後の入学式で、時間を間違えてしまい参加できなかった。職務命令に違反したとして、管理職は都教委に報告した。しかし、その教師は懲戒処分を免れた。校長の言う理由は、「思想的背景がないから」であった。思想というまさに個人の内心によって処分の有無が決まるとしたら、こんなグロテスクな話はない。

通達の文章を見たとき、「こんな命令に従えるか」と思った。しかし処分のことまで書いてある。どうしようかと日々悩みつづけた。実際どうするかについては、直前まで決心がつかなかった。もちろん職員会議では、何度も何度も時間をかけて校長と話しあった。ふだん会議では滅多に発言しない人も発言し、校長に意見を求めた。最大の疑問は、本来、校長が決めるべき事柄が決められないのはどうしてかということだった。「日の丸・君が代」の意味についても話しあった。毎年、職務命令を出して起立を強制することは、いじめではないかという発言もあった。

教職員の健康診断のあとに任意で提出したアンケートに関して、「精神状況がよくない、病院で診察すべき、うつに近い」という結果が出た。アンケートに答えながら彼は、どちらかといえば自分は楽観的な人間だと思っていたので、これほど苦しんでいたのかと驚いた。

その後も卒業式が近づくと、どうしても暗い気持ちになり、憂うつになる。食欲も落ちてしまう。思考力が全体的に衰え、家族との会話も途絶えがちになる。職員会議のあった日などいろいろなことを反芻《はんすう》し、悔しくて眠れなくなった。夜中に突然起きてワープロで文書を打ち、翌日、校長に渡したこともある。どちらかというと、肉体的により精神的に不安定な症状の傾向が強かった。

捨てられない希望

通達が出たあとの二〇〇四年の入学式当日、彼は君が代斉唱時に起立できなかった。座っているあいだ、教頭にすぐ後ろから「佐々木先生、立ってください」と大声で言われることが一番苦痛だった。向こうにはマニュアルがあって、立ちなさいと指導したのに従わないから処分するのだ、という手順を踏んでいた。

なにもその場で目立ちたいから座っているわけではない。わざわざあぶりだすように声をかけられることは本当に嫌だった。入学を祝う会なのに、処分者をあぶりだすようなことをこれ見よがしにおこなうことは、入学生に対しても失礼ではないのか。

式が終わったあとは呼びだされ、校長室で事情を聞かれた。それまでも何度も校長室で話をしたり、文書を書いて校長に渡したりしてきたので、そのときも校長と一時間くらい、「なぜ?」と話しあった。校長に理解してもらいたいと思ったからだった。そういう場で話すことはとても必要なことだと思っていたのだ。

座ると不利益をこうむる。その不利益を受けることが現実的に無理な教師、つまり内心は座りたいが現実には座れない教師が多数いる。彼は、苦しむことがわかっているのに「座りましょうよ」と同僚を説得することはできないと言う。同僚とは職員会議などでさんざん話しあい、価値観の違いもよくわかっている。

校長は権力をもち、職務命令を出す立場にある。実際に出さないことは不可能だろうが、形式的には出さないことも可能な立場である。校長もひとりの人間なのだから、いつか辞めたあとに「自分にもできることはあるはず」と気づいてくれるためにも、いま伝えるべきことは伝えたいと彼は考えたという。校長もやはり人間であり、話を続ければわかってくれるはずという強い気持ちで話していた。心のなかではかなりわかってくれていると思っていた。

都教委による事情聴取のときは、彼も考えを話した。都教委側の人は現場のことがわからないだろうし、自分たちがいかに酷いことをしているか自覚してほしかった。都教委内で異動があったとき、ほかの役人に「いや、じつはこうだよ」と話してほしいという願望もあった。ところが、最後の最後に「それであなたはどう責任をとるのですか」と言われた。「アンタ悪いことをしてるんだ、どう落としまえつけるんだ」と言われたのと同然である。悪いことはしていないのに、なぜそんな言われ方をされなければならないのかと、激しく腹が立った。

校長と同様、かれらにもわかってほしい、変わってほしいという思いがあった。だから無意味かもしれないが、とにかく話しつづけた。

現場からはずされる恐怖

佐々木さんは、一回だけ再発防止研修を受けさせられた。研修を受けること自体、不快である。しかし、こういう問題が毎年あること、それについてまた考えなければならないことのほうがつらい。

研修の場では必死な思いで発言・質問をしたが、「発言するな、従わないと警告をする」と脅された。わからないことを聞いただけなのに、それ以上しゃべるな、質問するなと言われたら研修の意味がない。

成果（反省）がなければ「最終的にそういう教員は現場からはずす」といった都議会での発言★があったことを知っていたので、研修の場で警告を受けたことにより、これ以上質問をすると現場からはずされてしまうのではないかという恐怖感が募った。そして、無意味な時間をただ座っているのは、苦痛以外のなにものでもなかった。

都教委側・処分者側は、受講者のことを「困った人たちだ」くらいにしか思っていないのではないか。通達にせよ、監視態勢にせよ、再発防止研修にせよ、年々エスカレートするシステムを考え、それをサポートする人が、都庁のなかで多数なのか、少数なのかは知らない。その多少にかかわらず、上が決めたことには、ことの是非より、ただ従っていればよいと考えている人が多いのではないか。これが「いつか来た道」だと彼は思った。

処分当時、あるいは研修を受けた当時は、日常生活に支障をきたした。仕事への意欲が落ち、「やってられない」という気持ちに絶えず襲われた。授業では目のまえの子どものために集中するからそれほどでもなかったが、この国のこれからのゆくすえを考え、悩んだ。

いまでも卒業式が近づくと、嫌な気持ちに襲われる。最近は式場に入らない係になったり、時休をとったりしている。しかし、そのために、自分の代わりにだれかが式場内に入ることになる。立ちたくない人、歌いたくない人がなかに入らされることに、申し訳ないという気持ちが湧く。

また、被処分者のなかには「担任にさせない」と言われた人もいると聞く。教員のなかで「担任になれない」人が出ると、学校全体の人事のローテーションが狂ってしまう。

★都議会での発言——「10・23通達」後の二〇〇四年六月八日の第二回定例会でおこなわれた、古賀俊昭都議（自民党）の代表質問と横山洋吉教育長（当時）の答弁を指す。古賀都議の「研修センターでの研修を数日あるいは一日受講する際に、当初から教育公務員としての反省の態度が全く見られず、また成果も上がっていない場合、研修の延長、あるいは再研修を命じるべきであります。重要な法令違反を犯し、反省もしていない者を教員として教壇に戻すことはあってはならないと考えますが、いかがでしょうか」との問いかけに対し、横山教育長は「今後、同様の事例の教職員に対しましては、学校を離れての長期の研修を行うことを含め、より一層指導を徹底していくことを、全教職員に周知をしてまいります」と答えている。（発言は「東京都議会・本会議会議録」より）

自分も「担任になれない」教員なのかと思うと、いまも気が重くなる。

精神医学の視点から

佐々木義介さんはG県のお寺の長男として生まれ、両親はともに教職についていたことがあり、静かで恵まれた家庭に育っている。生物学に関心をもって大学（教育学部理学科生物専修）に進学した。着実で誠実な性格だった彼は、卒業後、教師になることを選んだ。しかし、教師の仕事は生物のおもしろさを伝えるというよりも、定時制で生徒の生活指導にかかわることが中心であった。彼は生徒の性の乱れから、生物学を教える教師として性教育にかかわり、社会的、心理的なものへ視野を広げていく。

中堅教員として教育者像をつかみはじめたころ、「都立学校等あり方検討委員会」の報告書に接し、教育現場の生徒との関係や教師間の関係が細切れにされようとしていること、上からの上意下達が色濃くなってきていることを強く意識した。自分が性教育をふくめ、子どもたちに伝えてきた、主体的な生き方は全面的に否定されている。おかしい、と思いながら時間が経過していく日々であった。

彼は、どんな管理職であっても、役割を超えてその人の人間性を信頼し語りかけていきたい、という思いがひじょうに強い。校長に何度も話しかけていくのだが、会話が成り立たない。このことから彼は、自分の学校への思い、ひいては、自分自身の教師像が崩れていくことを感じる。どうして？　なぜ？　という思いから眠れなくなっていく。国旗・国歌の問題については、彼は国際交流を続けてきており、「日の丸・君が代」が過去に果たしてきた機能、華僑の人の思い、韓国の人の思いなどがこれまでのつきあいのなかから浮かびあがってきて、知っている人を裏切れない、という思いを強くしていった。

国際交流をとおして、「日の丸・君が代」に傷つく思いをする人の存在を実感した彼は、学校が国家主義的に上から変えられていくのに苦しむ。やがてうつ状態と診断されるようになる。自分は楽天的な人間だと思っていたが、違う自分の姿、苦しんでいる自分の姿に気づく。何かを訴えたい、わかってもらいたいという思いが強い。沈黙している職員会議で発言し、校長にわかってもらおうと夜中にとび起きてワープロを打ったりもしている。彼は、人は気がつくはずだという、人間に対する絶対的な信頼がある。与えられた役割に適応し感情を失っていく人がいることを、彼は認められない。処分されたあとの再発防止研修でも質問をした。処分前の事情聴取でも自分の考えを述べたが、あとに返ってきた言葉は、「あなたはどう責任をとるのですか」というものであった。すべての発言が無効にされた。

しだいに彼は、人間への基本的信頼よりも、権力への恐怖を感じるようになる。いまの精神状態

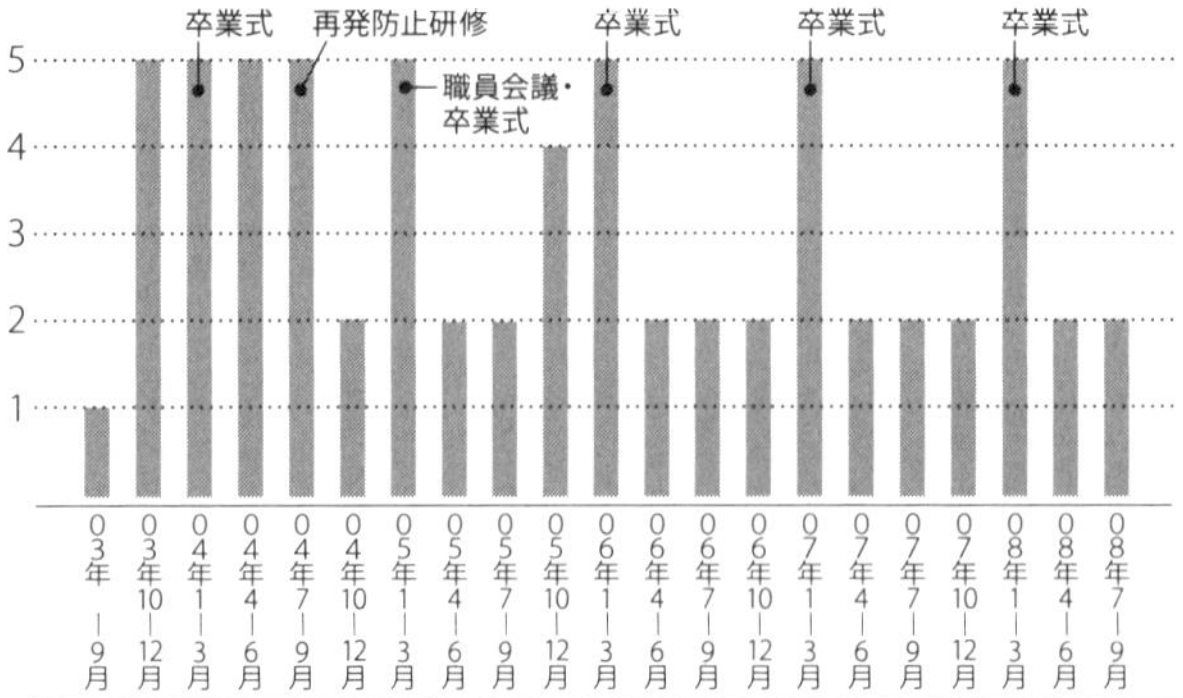

✦佐々木義介さんの精神的負荷

は、信じたいという思いと、強い力で押しつぶされる絶望感のあいだで揺れている。仕事への意欲が低下しているのを感じる。生徒が目のまえにいるときはそういった葛藤を忘れられるが、ひとりになると自分の生き方、教育への打ち込み全体が否定されているという思いが湧きあがってきて、教育に打ち込んでいるという自分が感じられなくなっている。素直な人であるゆえに、この理不尽さへの絶望感は強い。

精神的負荷の図は、なんとかわかってもらおうとあがいていた二〇〇三年十月から翌年九月まで、最大の葛藤状態にあったことを示している。打ちのめされて以降、卒業式の季節ごとに激しい葛藤をくり返している。それ以外の時期は、あきらめつつも、思い出したくないことを何度となく思い出す重苦しい精神状態が持続して、いまに至っている。

Ⅳ 喪《うしな》われたものは何か

教育基本法の第二条には、教育の目的を達成するためには学問の自由を尊重しなければならない、とある。むろんこれは大学教育に限ったことではない。

いま、文部科学省や教育委員会は、教職専門の大学院を修了した教師の育成を要求している。その一方で、高い専門性をもつベテランの教師たちが処分され、離職に追い込まれている。「ともかく上の言うとおりにやれ、教科は二の次だ」というメッセージが学校を貫き、「日の丸・君が代」を踏み絵にして学校教育が足切りされている。

強制に従うことによってのみ教師でいられる、しかしそれでは自身の教育そのものが成り立たない。教科教育に打ち込んできた教師たちは追い込まれ、打ちのめされ、無力感におちいる。明らかに、すぐれた教師たちが現場から消えている。

行政に抑圧の構えがあるかぎり、学問の自由はない。大学院レベルの教師なるものをいくら育成しても、このような体制のもとにすぐれた教師は生まれてこない。上からの指示に従うだけの奴隷の精神は、学問をきりひらく意欲や向上心の対極にある。

「君が代」という踏み絵によって、素晴らしい教師たちを排除し、教育行政は何を得ているのか。それを容認している私たちの社会は、何を喪っているのだろうか。

生物教師としての三十年

福嶋常光さん（六十歳・処分時五十五歳）
一九七六年三月　K大学理学研究科修士課程（動物学専攻）修了
一九七六年四月〜一九八五年三月　都立瀬山高等学校教諭
一九八五年四月〜一九九四年三月　都立井沼高等学校教諭
一九九四年四月〜二〇〇三年三月　都立鳴島高等学校教諭
二〇〇三年四月〜二〇〇六年三月　都立梅沢高等学校教諭
二〇〇六年三月　早期退職

＊学校名はすべて仮名

教師をめざしたきっかけ

福嶋常光さんは一九四九（昭和二十四）年、三人きょうだいの次男として生まれた。父は一九四一（昭和十六）年に仁川《インチョン》から国鉄の現地採用として渡日し、母の家系も国鉄関係で、それが縁で結婚している。彼の兄も鉄道関係に勤めているという、鉄道一家。

母親は子どもに愛情豊かに接し、きょうだいの写真をひとしく撮るなど気配りの届いた人である。彼は自分の世界に没頭するほうが好きだった。庭のミミズを拾ってきて母親に見せると、「じゃ、これに入れたら」と空き缶を持ってきてくれた。一生懸命に集めたら、「ずいぶん獲れたね」と喜んでくれた。ファーブルの『昆虫記』を買ってもらい夢中で読み、一巻ずつ順に八巻まで全部買ってもらった。経済的に裕福ではなかったが、本に関しては、両親はお金を出してくれた。中学時代には顕微鏡も買ってもらった。子どもたちが関心をもったことは支持してくれた。父が理系人間だった影響かどうか、彼はあまり人間社会や言葉には興味がなかったという。

中・高時代の生物の先生が穏やかで、うるさい生徒がいてもけっして怒鳴ったりしない、そんな生き方に憧れた。その先生に丸一年かけて生物の分類を教わった。こうして福嶋さんは、K大学の生物学科に入学する。

大学にはまじめに通ったが、当時は大学の移転問題があり、一年間くらい講義らしいものはなかった。さらに研究のため大学院へと進んだ。研究テーマは、ディノフィルス（大きくなっても体長一ミリの環形動物）の、オスになる卵とメスになる卵の発生についてであった。そのころに学校の非常勤講師なども経験し、生き物や自然の素晴らしさを聞いてくれる生徒がいると幸せだなと感じている。研究に関しては、二年目にドイツのボン大学から同じ研究のていねいな論文が発表され、設備環境も違い、とても太刀打ちできないと思った。そのこともあいまって、教師になることを選んだ。

三十年の教師生活

◉瀬山高校

最初の赴任校は瀬山高校。若い先生が多く、ベテラン教師のアドバイスを受けながら、三年目から新一年生をもち上がりで三年間、続けて翌年の新一年生を一年間、さらにその翌年の新一年生から三年間、七年間連続して担任を受けもった。くわえて部活動指導もあり、そのあとに教材準備などさまざまな仕事をしていると、学校を出るのが夜八時、九時というのが日常であった。

部活動では、自身も経験したことがあるバレーボール部を受けもった。当初は体育館がなかったため、何もない荒れ地を平らにしてコートをつくるところから、一期生といっしょになっておこなった。近くの中学校や市の体育館を日曜日ごとに借り、日曜・祝日もほとんど練習に明け暮れた。その成果があり、三年目にしてシード校に善戦できるほどのチームになった。

◉井沼高校

続く井沼高校ではバレーボールの指導者が二名いたため、水泳部の顧問を受けもった。同時にワンダーフォーゲル部の副顧問も受けもった。また、このころ、教科指導に関係して東京都生物教育研究会（都生研）に出席するようになった。その集まりにおいて、多くの研究者・生物教師からさまざまなことを学び、新しい生物教材も入手した。

入手したものを生物実験用に使用するのみでなく、実習教員の人が適切に飼育・増殖してくれたので、都生研の会合で紹介し、多くの学校で利用された。また当時は週に一日、「研修日」という研修のために自由に使える日があり、その研修日に同じ生物教師が集まって、自主的に実験・観察・調査をおこなった。都教委などの公的機関が主催するいわゆる官製研修とはひと味もふた味も違う、一人ひとりが主体的に教えあい学びあう、いきいきとした研修だった。

●鳴島高校

つぎに福嶋さんは島しょ部の鳴島高校に転勤し、地の利をいかして野外観察を積極的におこなっている。照葉樹林の植物や粘性の高い溶岩からなる島の地形を観察。また、島を訪れる研究者や鳴島出身の地学博士、地元でウミガメの調査・保護活動をしている人、遺跡の発掘と伝説を残すことに努力している人など、さまざまな人びとと交流しながら、多くのことを学びとったりもしている。一九九六（平成八）年ころからニオイエビネ、セッコクなどの野生ランの無菌播種《はしゅ》に取り組み、三年目くらいから成功するようになる。それを生徒とともに続けていくため、三年生の選択講座「鳴島研究」を立ち上げた。現在も続いている。

●梅沢高校

二〇〇三（平成十五）年四月に梅沢高校に転勤。異動してすぐ担任を受けもった。都教委による強制異動が本格化し、当時は一度に教員の四分の一くらいが入れかわるといった状況であった。ここでは女子バレーボール部の顧問をひき受けた。ほかの部との体育館使用の兼ねあいで、土曜・日曜にも出勤して練習にあてたりした。そのころは「研修日」がなくなっていたことが影響し、教科の教材研究をするにも時間がなく、つらいと感じることが多くなっていた。

そうしたなかでの部活動において、三年生の引退後、一名いた二年生も退部し、最後は一年生のみになって活動を続けた。その一年生からも退部者が出て、残った二名で翌年の新一年生を指導し、その二名が三年になった最後の大会において、シード校を破り都のベスト38になるという快挙を成しとげた。たとえるなら幕下が大関に勝ったようなもので、「バレーボールをやってきたなかでもっともうれしい瞬間だった」と彼は言っている。

このようにさまざまな経験をとおしながら教育活動にいそしんでいた彼が、一片の「通達」「職務命令」によって、のちに教師を続けられなくなったのである。

記憶と結びついた「日の丸・君が代」への想い

福嶋さんは幼いころから、プロテスタント系のキリスト教会に通っていた。両親の真面目な生き方の影響のみならず、教会ではさまざまな人びとと交流をもった。こうして正直に、愚直に生きたいという思いを強めている。彼は「日の丸・君が代」の強制が、生徒のなかの宗教を信じる者を苦しめることを知っていた。天皇を現人神《あらひとがみ》と称し、絶対神であるかのように敬意を表した時代を想起させるような行為を強制されることは、彼らに痛みを強いるものであった。

幼稚園に通いはじめたころ、彼の父が祝日に突然、「旗があったろう、揚げよう」と言いだしたとき、母は驚いて「え、でも……」と言い、かなり狼狽《ろうばい》したのを思い出す。「いいんだ、いいんだ」と応える父と母の会話に、日常と違った違和感を覚えたことがあった。当時はそれ以上のことは考えなかった。彼自身がよその家で掲げる日の丸を見て、「揚げたい」と言ったような記憶もある。そのときからしばらくのあいだ、彼の家でも日の丸が祝日に掲げられた。彼の父が日本領朝鮮半島の出身であることを知ったのは、ずっとあとのことである。

驚いたが、彼は出自とか自分の民族とかにはあまり興味がなかった。父ともふるさとや生育歴についてほとんど話さなかったので、とくに意識することなく過ごしてきた。「いまにして思えば、当時の父の心情はどのようなものであったかと思い、複雑である」と、福嶋さんは述べている。そのように自分だけでなく、外国籍の人、あるいは日本国籍の人でも「日の丸・君が代」にさまざまな背景を想起し、拒否的・否定的な心情をもつ人に対し、卒業式時に起立するか着席するかの決断を迫るのは、じつに残酷と思う。

彼は、学校教育のなかで学ぶ日本の近現代史に興味が湧かなかったので、当時教わった内容については、あまり覚えていないという。しかし、第二次大戦中の日本軍の蛮行について、そのときどきで知る機会があった。大陸での「七三一部隊」の観察・実験など、まさに悪魔のような蛮行があったことを知った。そのような蛮行を鼓舞するひとつとしても、「日の丸・君が代」が存在したのではないかと思う。さらに自分が七三一部隊の実験者だとしたらと考えたとき、人から言われると素直に従うタイプの自分も、「躊躇せずにやる」のではないかと思ったりする。自分がそのような蛮行をおこなう姿を想像しただけでもショックであり、自分自身に潜在する人間としての恐ろしさ、弱さを思う。ひとつの思想を強制することは、結果的に蛮行に人を駆りたてることにもなるのではないかと、強い嫌悪感をもつ。

以前、オウム真理教によるサリン事件など一連の騒動が起きたとき、多くのマスコミの論調が「理系の一流大学の学生がなぜ？」と、サリン開発にかかわった人に疑問を呈して批判をしていた。彼自身はとくに不思議なこととは思えず、彼らもまた素直なタイプの人間として、十分にありうることと思った。まさか戦前・戦中のように世の中全体が流れることがないようにと願いながらも、一抹の不安を抱いていた。その漠然と思っていたことが、一つひとつ進行していると思うようになる。

権利を守るとは

年々、学校現場も変わっていった。やがて「10・23通達」が来た。来るはずがない、来てはいけないと思っていたことが現実になった。「10・23通達」や「職務命令」を出すとき、校長は都教委の言うとおり、「学習指導要領」「国旗・国歌法」を根拠としてしか説明しなかった。憲法・教育基本法との整合性については、質問してもふれず、応えずといった態度であった。一方、現場ではそれを「おかしい」と言う人たちがいた。その両方の意見を聞くにつれ、「指導要領と国旗・国歌法があるからやれ」とする通達や命令は、論理そのものが破綻していると思えた。

福嶋さんは、「自分の権利を守ろうとしない人は、人の権利も平気で侵す」という言葉を思いうかべる。それまで権利の主張には関心がなかった彼は、「自分は生徒の権利をどの程度考えてきたのか」と自問しはじめた。自分の権利を守ること、それは生徒の人権を守る基本である、と気づく。しかし具体的にどうするか、について悩んだ。

校長との話しあいは進展がないまま、二〇〇四（平成十六）年三月の卒業式を迎えた。式の一週間ほどまえから、夜、眠れなくなる。「卒業式ではどうしよう、着席して処分を受けるのか、処分を受けるとどうなるのか、仕事は続けられるのか、校長からさまざまなかたちでの嫌がらせもありそうだ、都教委のやり方はあまりにも酷いのではないか、クラスやクラブの生徒にも迷惑がおよぶのか、校長や都教委はなぜこんなことを平然とできるのか……」などなど、怒りと不安が混ぜこぜになり、つねに頭のなかをめぐるようになっていた。ほとんど眠れないまま、新聞配達の音が聞こえはじめ、朝を迎えることが多くなった。無理をして起きるが、だるいのみならず気分が悪い。このまま動きたくないと思うこともしばしばあった。

死にたいという思いは浮かばなかったが、生きていくのが面倒だなという思いを抱いた。以前から多少はあった不整脈が、このころ頻繁に出るようになる。食事もほとんど義務的に、食べなければ身体に影響するからと思い、食べるだけであった。しかし、ほとんど味は感じない。家で妻や母との会話もしなくなった。悩んでいることは打ち明けなかったが、彼の妻はうすうす、いつもとの違いに気づいていたようだ。そのような状態でも学年末試験問題をつくり、成績をつけるための下準備をしなければならない。へとへとになって、倒れないのが不思議なくらいであった。卒業式の前日と当日の便は真っ黒だったという。半年後の胃カメラで、彼は胃に出血の跡があることを指摘されている。

卒業式の当日になっても、君が代斉唱時にどうするか悩み、自分の行動を決められないでいた。「まだ教員は続けたい、しかし、このような人権侵害を許していては教育そのものが歪んでしまう、処分はやはり怖い、どうしよう、どうしよう」と思っているときに、式は始まり、君が代が流れてきた。どうしようと思っているうちに、強い不整脈が起こる。いつもの不整脈ではなく、数秒間止まったあとに激しく拍動するような感じを覚えた。

「無理して立っていると倒れるのか、そうすると迷惑だろう。校長は、生徒が倒れても君が代が終わるまでは席から動くなと言っていた。自分だけでなく助けてくれる人も処分になるのか……」というようなことが頭のなかを巡り、「これは座れという天の声だな」と感じた。そのまま着席をする。

数秒後、教頭の「福嶋先生、立ってください」という声を耳にした。素直な彼は反射的に立った。しかし今度は立ちくらみが起こったため、ふたたびうずくまるように座った。再度、起立をうながす教頭の声が聞こえたが、そのまま座っていた。「これからどうなるのだろう、処分を受けるとどうなるのだろう」という不安がよぎるとともに、「これでいいんだ」と妙に落ちついた安堵感も湧いてきた。狭くなった視野のなかに、三名の保護者が着席しているのが見えた。それを見て彼は、「私は正しいことをしている」と感じた。

だれのための儀式なのか

式が終わって職員室に戻ると、部活動の生徒から、深刻な部員減のことを相談された。その相談の最中に、教頭から校長のところに来るように言われたが、彼は話し中なのでと断った。相談が終わって、昼食中にもまた呼びだしを受けたが、それも断った。さらには急がねばならない採点をしている最中にも来たが、再度、断った。そうしたところ、採点中、校長・教頭の二名が来て「あなたは立ちませんでしたね」と言った。それほど重要で急ぐことなのかとの思いから、「今日は卒業式です。校長は卒業生を祝ってやってください。私は採点を急がねばならないのです」と応えると、「あなたが立たなかったことは教頭が確認しています。そのように報告しますが、よろしいですね」と告げて、彼らはたち去っていった。

彼は不整脈と立ちくらみのことを言うべきか迷った。倒れたりしてかえって騒ぎになってはまずいと思って、座った面もあるからだ。一方で、それを強く主張すると、「健康上の理由があれば座ってもよいが、思想・信条の理由では座ってはいけない」という考えに同調することにもなるのでは、との思いから言えなかった。初めから不起立を決めていたわけではないが、いまさら健康上の理由を主張する気にもならなかった。逆に、「私は不起立です」と胸を張って言うこともはばかられる気持ちだった。それほど式において起立・不起立のことが重要なことなのか、何のための、だれのための式なのか、という疑問を抱いている。

立っていられなかったための不起立とはいえ、そのことでむしろ自分の良心に従ったという思いと、保護者のなかにも同じように不起立者もいたことで、「間違ったことはしていない」との確信ももった。なによりも彼は嘘が嫌いで、「いままでだれにも意図的に嘘をついたことがない」と言いきれるようふるまうことが彼の信条だった。「生徒のまえに立つには正直な生き方が一番」という思いと、迷うのは一番よくないという思いを強くもっていた。

「授業よりも研修」なのか

その後、福嶋さんは、都教委による事情聴取や服務事故再発防止研修の受講を命じられ、それを受けさせられている。研修受講時は質問をいっさい受けない都の姿勢に、「都教委は間違ってい る」「都教委は間違っていることを知っていながらやっている」との思いを強めることになった。

翌二〇〇五（平成十七）年の卒業式では、前年のときと違って迷いはなかった。間違ったことをしていないという確信もあった。彼にとっては、これが自覚的な最初の不起立であった。

しかしこの年の研修で、「基本研修」にプラスして、処分二回目以上の人が対象である「専門研修」が課され、授業が五時間もある日を指定された。即座に彼は、校長をとおして日程の変更を願いでた。それさえ認められなかった。彼は研修を受けたくないと言っているのではなかった。二学期に入り、文化祭の準備や、三年生の担任として進路に関係した書類づくりを急に迫られたりもする。事実、生徒から指定校推薦の書類を依頼されている。さらに、呼びだしを受けた日は五時間授業が入っている日である。変更を願いでるのは当然であった。教師の職務は教育であること、授業や担任業務を放って出かけるほうが「職務専念義務違反★」ではないかと思ったからであった。彼は当日、通常の勤務に服する旨を教頭に伝え、授業をおこなった。

★職務専念義務違反——地方公務員法第三十五条には、職務に専念する義務が定められている。これをもとに、都教委は些細な事柄に対しても「職務専念義務に違反する」として処分をしてきた。しかし、学校教育法第三十七条には「教諭は児童の教育をつかさどる」（高校では「児童」を「生徒」と読みかえる）と定められており、教師の職務が「教育」であることが明示されている。

その後、「研修」を受けなかったことを理由とする事情聴取に呼ばれた。そして研修未受講を理由として、都教委より処分された。そのための再発防止研修の受講命令も受けとった。しかし、本人は受講を拒否したのではない。授業や生徒のことを思い、受講日の変更を願いでたのである。都教委はそのいっさいを認めなかった。ひとつの事柄でつぎからつぎと二重三重の処分が課され、累積して重くなる。追いうちにあっているような感覚だった。

非情な処分と採用拒否

最後に福嶋さんが式で起立しなかったのは、二〇〇六（平成十八）年の卒業式であった。依願退職をする直前のことだった。三月三十日・三十一日の両日、つまり退職直前の二日間、彼は年次休暇を申請していた。しかし、三月三十日に停職処分の発令を受け、翌三十一日の休暇は取り消され、給料の戻し入れを求められた。彼以外の処分対象者の処分発令は三十一日であり、三十日に処分を受けたのは彼だけであった。このとき彼は、都教委のやっていることは酷いと強く感じた、という。

福嶋さんは最近の学校現場のようすをつぎのように語る。

以前と違って、学校では授業外の仕事も繁雑になり、提出しなければならない書類も倍増した。教育活動に関係のない書類はつくりたくなかったが、教材準備の時間が奪われることになった。退職直前は週に六十時間くらいは働いていた。勤務時間以外も、学校や生徒のことで頭がいっぱいだった。道路を渡るとき、信号が赤になってから渡ろうとしたこともあった。車が突っ込んできたとしても本気で避けようとしないだろうな、と思うこともあった。慢性的な疲労、それによる不注意やミスが目立つようになった。

そんなおりに、多数の嘱託員をしている人から、嘱託は時間にゆとりがある、授業準備の時間も十分とれる、ゆとりをもって生徒に接することができると聞いた。定年まであと三年を残しており、経済的にも余裕はなかった。それに加え、生物教師として、まだ授業でやり残したことがある、との思いもあった。生物学はほかの学問以上に、日々進歩・発展している。しかしその内容を少しかみくだけば、高校生や中学生にも十分理解できるものである。心にゆとりをもって充実した教育活動をおこないたいと彼は考えた。

そして嘱託を希望した。しかし、その嘱託員としての採用も、処分履歴があることを理由に拒否された。

ただ、ひとりの人間として

福嶋さんは純粋な生物教師として、ひとりの人間として、生徒のまえでは「正直」でありたいと思って教壇に立ってきた。その心構えで努力をし、研究も重ね、そして実践もしてきた。そんな彼が、儀式の一部である君が代斉唱時に起立するか起立しないかということがどれほどの意味をもつのであろうか、疑問である、と思っている。また都教委が学習指導要領の「入学式や卒業式などにおいては、その意義を踏まえ、国旗を掲揚するとともに、国歌を斉唱するよう指導するものとする」の部分を根拠に、通達を発出したことにも疑問を抱いている。学習指導要領は教育の格差拡大防止、一定水準の確保をねらいとした大綱的基準であるはずだ。「指導するものとする」とは第一義的なことを指しているもので、「指導すること」とは違う。国会における「国旗・国歌法」の成立に際しての「無理やり口を開けて強制するものではない」「学校における取り扱いはそれまでのものを変えるものではない」という政府答弁を彼は覚えている。

さまざまな矛盾を感じ、ヘトヘトに疲れてしまった。それでも授業をとおした生徒との接触をみずからの使命と考え、なんとか耐えてきたのである。

精神医学の視点から

福嶋常光さんはきわめて几帳面、誠実、責任感の強い人であり、生物学の教師としては身近な外界にいきいきと関心をもち、それを研究と教育材料に組み込んでいくことのできる優れた教師である。もの静かで、生徒の話をよく聴き、彼ら一人ひとりの可能性を引きだすことのできる先生である。それは「都生研」へのかかわりをとおしての教材づくり、鳴島研究、さらにバレーボール部で

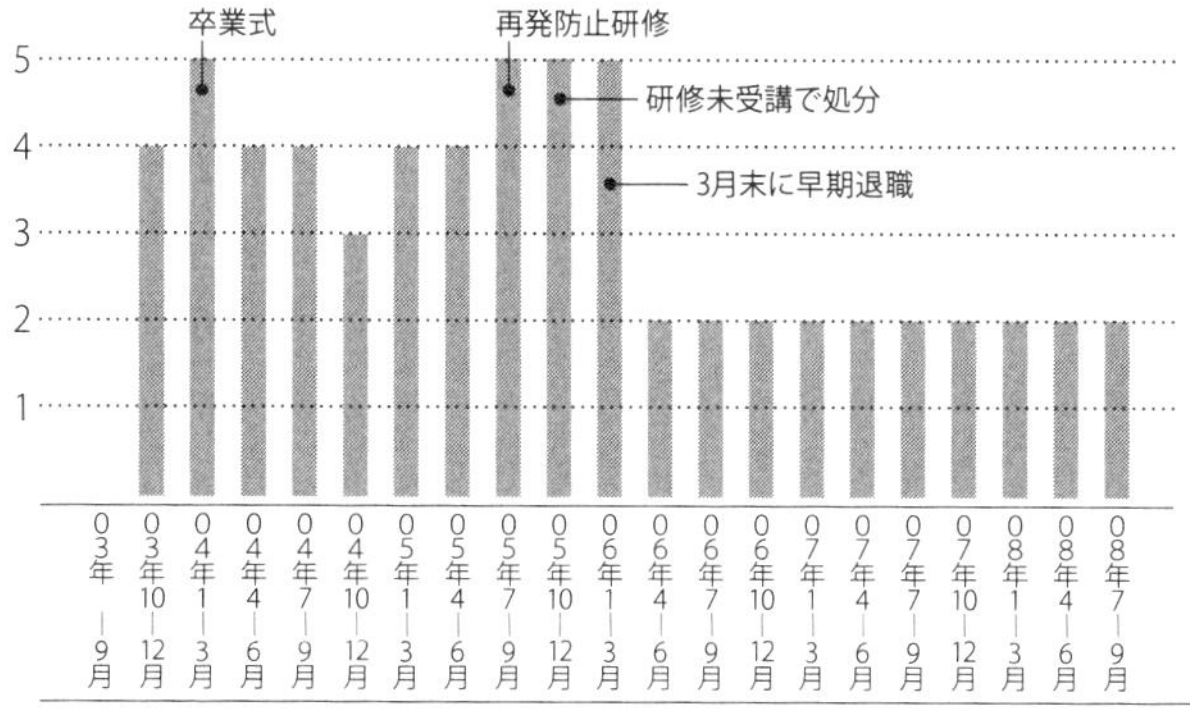

✦福嶋常光さんの精神的負荷

の指導がよく示している。

生徒と静かに心を通わせ、彼らの自発性を大切にしてきた福嶋さんにとって、「10・23通達」による起立の強制は、教師としての倫理を踏みにじるものであった。父が抱いていたであろう複雑な思い、政治イデオロギーや宗教を強いられる者の苦痛を想像すると、耐えがたいものであった。

それは卒業式が近づくにつれてひどくなった不眠、不整脈、胃の出血に現れている。行動のうえでも、精神的にも必死に耐えようとしてきたが、身体は悲鳴をあげている。卒業式当日の激しい不整脈、意志は立とうとしても立ちくらんでうずくまってしまう葛藤。ここに至って、福嶋さんは自分を偽るのは不可能だと知る。不起立をしたのではなく、偽って立つことができなかったのである。

図を見ると、起立の強制が二〇〇四年一月から二〇〇六年三月まで、いかに重くのしかかり、教育の仕事を妨げているか、わかる。にもかかわらず、目のまえに子どもたちがいる。子どもに向きあう仕事は、自分が疲れていても、もう限界だと思えても、全力をかけて打ち込まざるをえない。とりわけ福嶋さんのように人格をとおして生徒に接してきた人は、疲れているからいまだけ手抜きをするという方便はありえない。こうして負荷のかかった精神状態と深く根を下ろした教師の倫理は引きはがされる。これは多くの教師がうつ状態を進行させていく道程である。

福嶋さんの症状をまとめると、身体化された症状として、胃腸の痛み、重い感じ、胃潰瘍、不整脈、頭重感、不眠がある。精神症状として、感情の抑制、苦しめられている場面のフラッシュ・バック、怒り、恥辱感がある。抑うつ状態に耐えて、いまに至っている。

「考える社会科」に取り組んで

森和彦さん（仮名／五十歳・処分時四十四歳）
一九八六年三月　M大学大学院修士課程教育学研究科修了
一九八六年六月〜八月　都立栗谷高等学校非常勤講師
一九八六年九月一日〜九月三十日　都立影山高等学校非常勤講師
一九八七年四月〜一九九七年三月　都立川西盲学校教諭
一九九七年四月〜二〇〇二年三月　都立泊野高等学校定時制教諭
二〇〇二年四月〜二〇〇九年三月　都立美咲高等学校教諭
二〇〇九年四月〜　都立万里高等学校教諭　現在に至る
＊学校名はすべて仮名

教師をめざしたきっかけ

森和彦さんは高校時代に教師を志し、L大学の教育学部に進学した。卒業後はM大学の大学院に進んだ。

高校二年生のとき、森さんは夏休みのクラス合宿を企画した。クラスの全員に声をかけ、登山や自炊などさまざまなイベントを考え、準備をした。合宿中は雨が降り、登山も大変だったが、大変だからこそ面白かったとみんなが喜んでくれた。リーダーというタイプではなかったが、みんなでやれることを企画し、人を巻き込みながらやりとげていくことに面白さを感じた。そんな彼のようすを見ていた担任の先生から「教師に向いている」と言われ、教師になろうと考えるようになった。高校卒業後、大学の教育学部に進んだ。

中学・高校時代に得意だった社会科の教師になろうと漠然と考えてはいたが、大学で参加した憲法のゼミが、それまでもっていた社会科に対するイメージを変えた。実際の事件や裁判例をとりあげ、自分ならどう判断するかを考え、議論を重ねるゼミだった。そのなかで、人びとが苦しんでいる問題が現実に存在していること、そこには決まった答えがあるわけではなく、さまざまな主張があることを知った。「覚える社会科」ではなく「世の中の見方が変わる社会科」というものがあることを実感し、教えることに興味をもった。

社会科の教師を志望して、都立高校の教員となった。以来、二十三年になる。

考える力を育てる授業

最初に勤務した栗谷高校は、生徒が授業中に塀を乗りこえて出ていくような荒れた学校だった。生徒が授業に集中するためには、生徒自身が興味をもてるテーマで授業をしなくてはならないと思い、ベトナム戦争への日本のかかわりや死刑の問題など、自分が大切だと思うことを中心に伝えてきた。ある授業のとき、四十人の生徒が、いま全員、自分の話を聞いているなという、身震いするような感じを授業のなかで覚えた。この経験は、約二十年の教師生活のなかでもとくに重要なものとなった。

三校目となる川西盲学校では、目が見えないぶんよくしゃべる子どもが多かった。授業での反応もよく、わからないとすぐに質問をしてきた。生徒と教師との仲もよかった。たしかに、生徒たちには視覚障害があり、それに応じた配慮を必要としていたが、それ以外では一般の高校生と同様であった。ただ、なにごとにも自信がもてず、「どうせ自分たちには何もできないんだ」「大事なことは自分たちと関係のないところで決められていく」と思い込んでいる生徒が多かった。

森さんは、こうした生徒たちの意識を変えていくために、「自分たちがこの社会をつくっている」「自分たちの考えでこの社会が変わっていくんだ」ということを伝えようとする。憲法・人権を学ぶ授業では、それを文言だけの理解にとどめないよう、論争的な問題、切実な問題を意識的にとりあげた。同時に、短絡的な発言が多かった生徒たちに論理的な思考力をつけてほしいと考え、教材を多元的に再構成した。

「えん罪と身体の自由について考える」という七時間の単元学習をおこなったことがある。米国の、あるえん罪死刑囚を追ったテレビ・ドキュメンタリーの映像をみんなで見ることから始め、免田事件について知り、逮捕・裁判のあり方と憲法との関わりについて学び、えん罪の起こる理由を考えあった。死刑制度について賛否の論議を紹介して、最後に生徒たちがみずからの見解を論文にまとめた。それらの論文を名前はふせて印刷し、全員に配布すると、生徒たちは、ほかの生徒がどのような意見をもっているかに強い関心を示した。既成の資料を使用するよりも、ずっと反応がよかった。彼は個々の意見を評価するのではなく、「どんな点が論理的に書かれているか」「どのようにすれば、より説得的・論理的な論文になるか」の観点でコメントを書いた。

川西盲学校には十年勤め、こうした社会科の教科教育だけでなく、視覚障害をもつ生徒たちの生活介助といった、ほかではできない貴重な経験をした。

その後、泊野高校定時制（五年間）、美咲高校（七年間）と勤務してきた。教師生活のなかで、一生懸命に授業に取り組めば、生徒には伝わるという自信もできてきた。一方で、不登校の生徒とのかかわりや定時制生徒の学外での人間関係の問題などに直面するなかで、教師ができることには限界があると考えるようになった。自信と充実、限界の思いを経て、さらに経験を重ねていくにしたがい、生徒の「主体的に考える力」「論理的思考力」「みずからを表現する力」を育てる教育がようやくわかってきた。

授業についての基本的な考え方は、盲学校時代から変わっていない。たんに知識を与えるのではなく、ものごとの原因を生徒自身に考えさせ、論理的判断を求めてきた。教師が、教えるべき知識について生徒に質問し、比較的、知識量の多い生徒がその質問に答えて授業が進んでいく、という授業方法は、生徒の発言量が多いために、一見、生徒中心の活発な授業のように見える。だが、実際には思考力を育てるものにはなっていない、たんに暗記量の確認をしているにすぎない。

具体的なテーマ、提示の内容は、経験とともに蓄積が多くなっていった。題材は古くならないように努力している。「薬害エイズから人権を考える」「会社の倒産って、いつどこで決まるのか？」「国は借金だらけなのに、なぜ国債を出すのだろうか？」「イラク戦争と国際法」など多くのテーマをとりあげた。生徒の考えや言いたいことを受けて、それを返していくやりとりは手応えがあり、とても面白いという。

授業への監視

二〇〇三年の「10・23通達」の前後から、「授業観察」「週案」「授業評価★」「自己申告書」など、教育が大きく崩れはじめた。これまでのように自由にできなくなった。校長からは、授業で使うプリントや学級通信まで提出するよう求められた。一方で、しなければならない業務が増えた。「どうしてこういう状況になったのか」「これがどこまでいくのか」という不安を感じるようになった。

授業のとき、「もっと言いたいのだけど踏み込めない」「わかりやすくするためにはプリントや文章で表現したほうがいいのだが、あまり書類を残さないようにしよう」といった自己規制も働くよ

★授業評価――生徒による各教員に対する授業評価。都立高校のすべての教員について実施することが義務づけられ、全生徒へのアンケート形式でおこなわれる。

うになった。

よくないと思いつつも、「ねらわれたら嫌だな」という気持ちも抱くようになっていった。このままいけば、自分が国家の手先にさせられてしまう、という恐怖感をもつようにもなった。国家に利用されるとき、自分は抵抗できるのか、社会科の公民担当だから一種のイデオロギー装置に使われるのではないか、という不安を感じだした。

さまざなテーマを授業で扱ってきた彼は、盲学校時代から憲法の「思想・良心の自由」を取りあげ、君が代の歌詞が良心的な葛藤を生じやすいことも話しあってきた。そんな社会科の教師にとって、「10・23通達」はひじょうにつらいものであった。

通達と前後して、学校現場も息苦しいものになってきた。同僚のひとりは「君が代不起立」に関して、管理職からの執拗な圧力と恫喝を受けた。その同僚は、大変な精神的ストレスを感じ、憔悴していた。そのためか、足がマヒしてしまい、歩行も困難な状態となり、入院、休職に追い込まれてしまった。熱心で生徒からも慕われ、教師としても尊敬に値する人物が犠牲になってしまったと彼は思った。

卒業式の「君が代斉唱」の際、起立しなかったことで、森さんも処分を受けている。処分後の服務事故再発防止研修は、憲法や教育基本法の本質的内容にはまったく触れない、形式ばかりの内容の強要で、大変な苦痛を感じたという。

君が代問題は毎年、式のたびにやってくる。起立しないでいると、処分されつづけ、職を失うかもしれない、処分を受けつづけるのはきびしいと考え、結局いまは起立している。

「先生のために我慢して歌います」

森さんは、最初の一回だけ起立しなかっただけではそれまでの自分の指導と矛盾するのではないか、みずからの指導内容と矛盾することをして教壇に立つのは間違っているのではないかと思い、なぜ自分は処分されつづけないのかとも考える。そして、君が代に拒否感をもつ生徒や思い悩んでいる生徒とどう向きあうかも大きな問題だった。

教師が起立することは、苦しんでいる生徒を見捨てることにならないか。いまは、そのことが君が代そのものを強制されることよりつらいと感じている。

二〇〇四（平成十六）年三月の美咲高校の卒業式では、卒業生の何人かが目の前で着席していた。彼らがどのような思いで不起立をしたのかはわからない。ひとえに自分たちの思いを着席という行為で示していた。

その年の四月、担任として受けもっていたクラスの生徒たちも三年生になった。彼は、生徒自身に「卒業式への要望」を書いてもらった。そのなかにあったある女子生徒の言葉に、凍りつくような感覚を覚えた。

「君が代を歌うのはイヤだけれど、先生が罰を受けるのはもっとイヤだから、我慢して歌います」

この言葉に、彼は何と応えていいのかわからなかった。こんなにも生徒を追いつめている。無力感に打ちのめされた。「ぼくのことは気にせずに、自分自身の考えで、どうするか決めてほしい」といったことしか言えなかった。

生徒は「10・23通達」以降の一連の出来事を、自分たちへの「脅迫」と受けとめたようだ。実際、二〇〇四年六月、都教委は、卒業式で生徒が不起立であった学校の教師たちに対し、「生徒への指導が不足していた」などの理由から「厳重注意」等の処分をおこなっている。生徒がみずからの「思想・良心の自由」に基づいて不起立をすれば、自分の担任が処分される。「担任が処分されるのが嫌なら、おとなしく立って君が代を歌え」と要求するのは、強制どころか脅迫ではないのか。

いまでも、君が代をめぐる、生徒やほかの教職員の言葉や表情などが思いだされると、涙もろくなって、本当の自分がよくわからなくなる。

今度はどうしようと思いながらも起立しているのは妥協であり、それもつらい。

卒業式や入学式をまえにして、目がさえて眠れなくなったり、胃がひどく痛くなったりする。知らぬ間に胃のあたりをなでていて、人から問われることもあった。また、卒業式で起立できなかったとき、心臓がきりきりと痛くて怖いほどだった。深刻に考えると胃腸の調子が悪くなるので、あえて懸命に考えないようにしているという。すぐ分析をし、思い悩むことがあると「こうしよう」

とわざわざ口に出して自分に言いきかせる。

森さんは、社会科の教師として「君が代問題」もきちんと伝えて、考えられる生徒に育てたいと思っている。しかし、いまでは、「週案」で指導内容まで全部届け出をしなければならない。まったく問題がない授業でも、校長によってはそうした内容を嫌がる。そんなことで消耗したくない。生徒だけに伝えるにはどうすればいいいか、と考えたりもする。

「授業観察」などで校長が見にくるときには、避けて通りたいとも思ってしまいがちだ。君が代問題を意識的に見ている生徒たちは少なくない。だが、そうでない生徒にもきちんと情報を伝えなければ、問題になっていることすら知らずに卒業してしまう。不安と教師としての義務のあいだで苦しみながら、毎年取りあげてきた。自分たち教師は、毎年の卒業式・入学式をまえに葛藤している。どうしたらこれを解決できるのか、いつも重い気持ちでいる。

精神医学の視点から

森和彦さんは社会科の教師になり、自分で考えることによって「世の中の見方が変わる社会科」の授業に打ち込んできた。つぎに、不登校や定時制の生徒の学外での問題に直面し、授業の限界を感じる。この中間の足踏み期を経て、もう一度、思春期の子どもが「主体的に考え」、「論理的に思

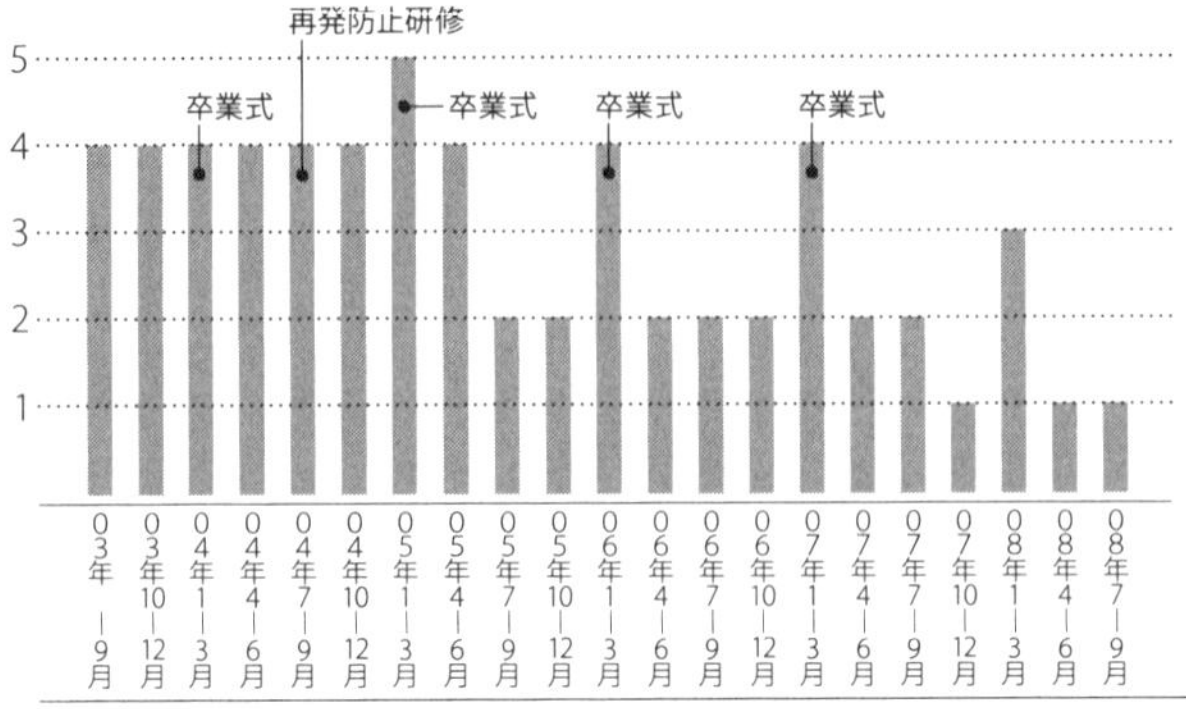

◆森和彦さんの精神的負荷

考し」、それを「表現する」教育の大切さを確認するという、教師としての成熟のプロセスをとってきた。彼のひたむきな努力が、その成熟を可能にした。

憲法と教育基本法のもとでつくられてきた「社会科」。その内容と教育方法を深めてきた森さんにとって、近年、上から下りてくる「授業観察」「週案」「授業評価」「自己申告書」などは、教師をひからびさせ、思考停止させる道筋に見えた。校長や教育委員会に「ねらわれたら嫌だな」という気持ちがよぎる。同時に、国家のイデオロギー装置にされるという絶望感が混ざる。

一度は不起立で処分された。そのときは、心臓が痛み、怖いほどだった。それから解雇を恐れ、一応立っている。だが毎年、卒業式や入学式が迫ってくると不眠となる。入眠できず、眠りは浅い。疲労感が残ったまま働いている。胃の痛みも走る。式の季節でないときも、強制のこと、立って妥協している自分のことが浮かんでくると、胃腸が悪くなってくる。そんなときは考えをそらし、「こうしよう」とひとりごとを言って乗りきっている。だが、いつも重い気持ちでいる。精神的負荷の図では、式の季節ごとに悪化し、それ以外の季節でも「何度でも思い出す」が基底の気分になっている。誠実に生きてきた教師の職業倫理を否定され、軽い抑うつ感が持続している。

だれが「職の信用」を守るのか

渡辺学さん（仮名／四十六歳・処分時四十一歳）
一九八九年三月　N大学文学部卒業
一九八九年四月〜一九九八年三月　都立瀬山高等学校教諭
一九九八年四月〜二〇〇五年三月　都立日垣高等学校教諭
二〇〇五年四月〜　都立遠山高等学校教諭　現在に至る
＊学校名はすべて仮名

影響を受けたふたりの先生

渡辺学さんは、一九六二（昭和三十七）年、東京に生まれ、現在四十六歳。子どものころは、活発でよくしゃべる子どもだった。学校では積極的で、毎学年、学級委員を務めてきた。

彼が影響を受けた教師がいる。小学校四年生と六年生のときの担任の先生である。人の人格を傷つけることに対しては、言葉であれ、行動であれ、きびしく対処する優れた女性教諭であった。この先生の言うことは正論である、心から信じられる先生だ、と思った。その対極に位置する教師として、五年生のときの担任の先生がいた。その先生は、自分の意に沿わない生徒を一人ひとりつぶしていった。

尊敬する女性の先生から、活発な彼はよく怒られた。彼が女の子からもらったラブレターをみんなのまえでひけらかしていたら、「なんてことをするの、その子の気持ちになって考えてみなさい」と怒られた。ラブレターをくれた女の子は、クラスでどちらかといえば、からかいの対象になることがあり、彼もそうした軽い気持ちからしたことだった。その相手の子の気持ちを指摘され、自身が酷いことをしたと心底、反省した。

また、仲のよいふたりの男子の一方がもうひとりに向かって「足が短い」などと言ったとき、生徒どうしのあいだではどうということがなくても、先生はすぐに、「なぜ、そういうことを言うのだ！」と、言った生徒をいさめた。先生の表情がふだんと違っていたので、はっきりと覚えている。彼はこのころに、人間関係のあるべき姿、思いやりとか愛とか、根本的なことを学んだ。そして、先生という立場がいかに大切なものかを知ることができた。

その後、彼が影響を強く受けたのは、高校時代の剣道部顧問の先生だった。強烈な人で、いまもつきあいが続いているという。剣道指導の第一人者で、たとえば合宿を自分の家でやったり、貸し布団を借りてきて学校の体育館で一週間の合宿をおこなうなど、なかなか真似できないことをやってしまう先生だった。その先生は剣道だけでなくよく勉強していたが、いつも「本読んでいるか」と生徒に語り、遠征中にもよく難しい本を読んでいた。えらい人だとみんなに慕われていた。

渡辺さんは、子どものころからしゃべるのが得意で、アナウンサーになりたかった。あこがれとするＮＨＫのアナウンサーがいた。大学は迷わず、このアナウンサーと同じ大学の同じ学部（経済学部）に入学した。ところが、自分の興味・関心と違うということがわかり、すぐにこの大学を辞めた。その後、彼は、違う大学の文学部に入学しなおした。この大学も興味・関心から選んだ。ただ、教師になろうと考えて大学を選んだわけではなかった。

一年生のとき、小さな私塾でアルバイトを始めた。中学生に英語を教えるなかで、子どもとやりとりをすること、対話ができることが新鮮で面白く感じられた。徐々に授業数が増えていき、四年になったときには毎日、教えていた。塾長にも信頼され、学生ながら教務主任を担い、保護者会で話をするまでになっていた。自分が教師に向いていると思った。

仕事観の転換

大学を卒業し、都立瀬山高校の英語の教員として採用された。しかしそこは、彼の考えていた高校とはまったく違っていた。都内でも指折りの困難校だった。やりたいことと違うぞと何度も思った。彼は、教科指導をとおして、英語を読み、そこに書かれていることを生徒が考え議論することを想定していたからだ。

教科指導をきちんとやりたかった。そのために留学もしたかった。先輩からもそれができると聞いていたが、現実の学校は違いすぎた。さらに自分が求めていたことは、もっと人間の根本というか人格を育てることだった。授業が成り立たないこともあり、何度も教師を辞めようと思った。「とんでもない」「だまされた」と思い、職を変えようか、大学院へ行こうかなどと、五年間くらいは悩んでいた。

だが、若手教員の多かったこの学校で、五年目になるころには中堅の立場になっていた。学年主任、続いて生徒指導・生活指導の最前線の仕事を担い、日々、生徒と向きあうなかで、自分は社会的に大事な仕事をしていると思えるようになった。

瀬山高校では、大きな事件がいくつも起こった。たとえば、女子生徒九人でひとりの女子を裸にしてとり囲んだ事件。カラオケボックスで他校生といっしょになってライター用ガスボンベの中身を吸引し、タバコに火をつけようとして、カラオケボックスを破壊してしまった事件。時速百五十キロで車を走らせ、沿道の電話ボックスを大破させた事件。生徒を卒業させるために教員全体で努力しつつも、なかにはやめさせざるをえない生徒もいた。彼は生徒指導の担当者として、退学を進言しなければならない立場でもあった。

葛藤があったが、一方で、この仕事はだれにでもできるものではない、だれかがやらねばならない仕事だと思うようになった。対話をつうじて生徒の気持ちをつかもうと努めた。まわりには、教師に向いていないと思われる人もいた。生徒との対話ができていない、話がかみあっていない。自分ならこう対処するのに、と立場を自分におきかえて考えるようになった。それ以後、彼は、生徒と他の生徒との関係、教師との関係など、その生徒をとりまく関係を考え、対応策を模索することを心がけるようになった。かつての、生徒に対する一方的なもの言いは、ある時期からなくなった。英語の授業においても、通常の教材では、生徒たちの学力からみて理解させるのが難しかったため、数百枚のプリントを作成した。興味・関心のわかない生徒の食いつきをよくし、学ぶことの達成感を味わった経験のない生徒に、少しでも達成感を味わってほしいと願った。

また、多くの困難を抱えていた学校をよくしたいと、同僚たちと瀬山高校の将来を考える会を立ち上げた。当時はいまと違い、職員会議が機能していた。会議で全職員と議論を重ねながら答申をまとめた。

強制によって変わった国旗・国歌観

彼は、千秋楽の相撲を観にいって、国歌斉唱がおこなわれていても、特別な感覚はもたなかった。いまは、学校現場における強制で国旗・国歌観が変わった。かつて違和感がなかったのはなぜか。これを見たら立たなくてはならない、これを聴いたら歌わなくてはならない、そんな強制がなかったからだと思う。「10・23通達」が出て、なんで校長がひとりがんばってやらなければならないのか、議論ができないのか、押しつけられなければならないのか、疑問をもった。そんなことは学校で決めればいい。一九八〇年代前半に、国旗問題で政府はものすごい圧力を沖縄にかけた。東京ではさほど話題にならなかったが、彼は沖縄の人が体験したのと同じように苦しんだ同僚がいたことを忘れないでいた。

「日の丸・君が代」問題について、直接的な圧迫を感じたのは、進学校である日垣高校に異動して二年後の二〇〇〇（平成十二）年。式典時の国旗掲揚・国歌斉唱が全学校で実施されるよう、指導の徹底を全教育委員会に求める通知が文部省（当時）より出され、校長が日の丸を壇上に上げたいと言いだしたときだった。その後、二〇〇三（平成十五）年の「10・23通達」に接して、これは違法行為であり、完全に教育基本法への「不当な介入」であると思った。教師への強制は、生徒にも同じことを求めていくことになる。このことをほかの先生はわかっているのか、保護者の人は、と危機感をもった。

「10・23通達」では、従わない場合、処分されることが前面に出されていたため、職場では無口になる人が多くなった。彼はこの通達を見たとたん、立てないと判断した。同じ学年団の同僚たちもこの通達はおかしいと言っていた。しかし、校長だけでなく、ほかの学年の教師や組合活動に熱心な教師からは、起立したほうがいいという話があった。校長から不起立はやめてくれと言われた人、処分されると賃金も不利益になると言う人、組合の方針とは違うと言う人、そういう人の話を聞いているうちに、どんどん自分が孤立していくような気がした。

自信家を自認する彼でも、本当にいいのかなという気持ちになった。だが、ほかの教員には、不起立への働きかけはしなかった。この問題は他人に同調を求めるべき問題ではない、あくまで自分の問題である、という思いが彼にはあった。そして実際、この問題について意識を共有できたのは、同じ職場のなかではひとりだけだった。このころから、その後、一年間続く無気力状態に入っていったように思う。

自分がたとえ国旗・国歌について違和感がなくても、違和感をもっている人や受けいれられない人がいたら、やるかやらないかもふくめてしっかり議論し、結論は学校で決めるべきだ。自分は最終的に校長の結論には従うが、そのまえに職員の意見を聞き、どういう弊害があるのかを検討してから結論を出すべきだ。議論がおこなわれるのなら、最後に判断するのは校長でよい。しかし、校長は判断できないと言う。一時間話しあっても、二時間話しあっても、判断できないとしか校長は答えない。これは上からの押しつけでしかない、と彼は思った。

前段階の過程の議論が大切なのだ、もし内面の苦しみや葛藤を理由とした反対がひとりでもふたりでもいるのならば、その人たちを封じ込めてまで実行する問題ではない、と考えていた。

「職の信用」とは何か

卒業式の一か月前くらいから、緊張がひどくなった。君が代を立って歌う姿が夢に出てきた。寝てもすぐに起きてしまう。目が覚めて、あらためて自分が悩んでいることを知った。処分を受けること、まわりが引いていくこと、そんな日々にあってこんなふうになったら怖いなという気持ちがあったからか、覚醒している意識とは異なる自分の姿を、夢として見ることになった。

式当日、国歌の斉唱が始まった。彼が座っているとき、教頭が何度も来て、「お願いです。立ってください」と言った。教頭が何度も来るのは、立たないと管理職が処分されるからだ。生徒はほとんど立っていたが、歌っているようには見えなかった。卒業式後、教室での最後のホームルームの最中に、教頭が教室に入ってきて、事実確認をするから校長室に来てくれと言った。ホームルームが終わってから、彼は校長室へ行った。それはおきまりの儀式だった。校長、教頭の情けない姿がかわいそうに思えた。

それから三月三十一日までは忙しく過ぎていった。三十一日の処分辞令に、「職の信用を失った」という記述があった。彼はこの文章にもっとも怒りを覚えた。職の信用を一番、守っているのはわれわれだ、逆だ。

現実感の喪失

新学期を迎えると、急速に仕事に対する意欲が失われていった。再発防止研修の対象とされ、自分の行為が横領や飲酒運転などの破廉恥行為と同列に扱われたことに、耐えがたい屈辱感を覚えた。このころ、自分を糾弾する同僚たちの姿が、夢のなかにしばしば現れるようになった。

処分された者は、校外の研修センターで一回、校内で二回の研修の受講が命じられた。管理職と主幹★も別に研修を受けさせられていた。自分ひとりのためにまわりが研修を受けさせられる。「おまえが立たないからこうなるんだ」という非難が聞こえるようだった。生徒から「先生だけおかしいんじゃない」と異端視される情景が、夢に現れるようになった。夢のなかでは生徒が一歩下がって、自分と距離を置こうとしているのではないか、と思えた。八月の再発防止研修の直前はまったく眠れなくなり、酒量も二倍になった。昼はだるく、眠く、研修で「心を入れかえろ」と迫られる恐怖や怒りが頭を離れなくなった。

それまでは、顧問をしていた生徒のクラブ活動に毎日かならず出て、部員とは密接なかかわりを続けていた。教員一年目からずっと、剣道部の顧問を務め、熱心に指導をしてきた。しかし、その後の一年間は、ほとんどクラブに顔を出さなかった。授業についても、以前なら、この学校の生徒に向けて独自の教材を作成して授業に臨んでいたのに、このころはそうしたものをつくる気にもなれなかった。この状態が続くのならば転職すべきだと自分を責めた。

実際、転職のための履歴書をある会社に出したこともあった。家庭では父親としての義務を果たしていた。一歳の子どもの姿に救われた。家は居心地がよく、余計なことを考えずにすんだ。

この年は夜間の睡眠はなんとかとれるようになったが、昼間、ぼうっとする。自分では我慢して起きているつもりでも、授業でも気がついたら数秒間、意識がとぎれていることがあった。

自分にとって生徒の存在が薄くなった、と感じた。生徒に直接、働きかけているようなたしかな感覚がなくなっていった。生徒とのあいだに距離感があるような気がした。前年まではまったく違う心身の状態におちいった。この年は生徒を怒ったことがない。怒る自分がいなくなっていた。この年に教えていた三年生二クラスの生徒の名前と顔が出てこない。かかわらなくていいならかかわりたくない、という状態になってしまっていた。

二〇〇五（平成十七）年、都立遠山高校に異動となった。この学校で彼は、異動直後の四月の入学式には休暇をとった。つぎの年の入学式では担任として会場内に入り、国歌斉唱時に起立した。家庭的にもうこれ以上の経済的損失をこうむることはできない、と考えたからであった。もう自分を曲げるしかない、自分は壊れてもいいのだ、という思いが先行しての起立だった。

渡辺さんは今年三月、卒業学年の担任として卒業式に出席し、三年前の入学式のときと同様に、自分の気持ちを殺して起立した。家族のためなら、自分の思考を停止させてもいい、そう思うよりほかなかった。

彼は、教師としての自分の教育技術はいまも向上しているし、そのための努力も続けている、と考えている。しかし、教育現場をとりまく環境はひどく悪くなっている。教師が生徒にものを言う

★主幹——都教委が中間管理職的な役割を担わせようとして導入した職。教頭（副校長）を補佐し、主任を兼ねるとされている。

とき、自由にやりとりすることが難しい。自分が生徒に対して話してよいこと、話してはいけないことの判断がつかなくなることがある。前任校で彼同様に起立しなかったもうひとりの教師は、式のなかで卒業生へのはなむけの言葉を壇上から語り、そのなかで自身に対する処分に触れただけで、追加の厳重注意を受けた。学校から思考の自由が奪われ、思考にブレーキがかけられている。自己規制が日々強まっていく。

精神医学の視点から

渡辺学さんは子どものころ、ものごとに関心が高く、活発で、周囲からも信頼の厚い子どもであった。素直で、まわりの期待によく応えることができる能力もあった。

小学校のとき、二年間担任だった女性の先生に影響を受けている。その先生から、女の子からもらったラブレターを級友に見せびらかしたことについて、「相手の気持ちを考えて行動しなさい」とたしなめられた。彼はこういった注意をきちっと受けとめられる子どもであった。これが、成長の過程で大きな影響を受けたエピソードであると語っている。

大学ははじめ、経済学部に入学したが、向いていないと考え、決断力のある彼はその大学を中退して別の大学の文学部に移った。在学中に塾の講師のアルバイトの経験などをつうじて、子どもとの相性がよいことから教師の道を選んだ。

最初、都立瀬山高校に英語教師として赴任した。彼は、英語教育を熱心におこなうつもりでいたが、そこは彼が育ってきた環境とはまったく異なり、授業に関心がある子どもは多くなかった。最初は間違えたところに来たと感じ、もう一度、大学院に行きなおそうと思いながら、五年間を過ごした。そのあいだに彼は、教科の指導だけが教師の仕事ではないことに気づいていった。子どもたちとつきあいながら生きていくことの楽しさ、意味ある大人として子どもに接していくことの重要性に目覚めていった。

そんななかで、「10・23通達」が出された。

彼自身は、国旗・国歌に対して特別な違和感をもっていたわけではない。しかし、彼はこの通達を見たとき、教育の現場で強制が強まっていくこと、これは社会を変えていく一歩であると感じた。こういった強制によって教育が壊されていくのに、唯々諾々と従っていてはならないと考えた。これは「日の丸・君が代」そのものの問題を超えた、彼の社会認識であった。

しかし、このような強制について討論を始めていくと、最初は通達がおかしいと言っていた同僚たちがどんどん妥協していき、彼は孤立感を感じるようになった。教職員のあいだでこの問題についで話ができなくなり、また校長も判断ができないまま、事態が進行していった。そんななかで、生真面目で几帳面な性格であった彼は、緊張がひどくなっていった。

自分が妥協しそうになっていく夢さえ見るようになった。自分が歌っている姿を夢に見てとび起きる。そこで自分がどれだけ悩んでいたのかを知る、という状態になっていった。

式が終わってから、教職の公務員として信用を失墜したという処分の辞令を見て、ここまで踏みにじるのかと激しい憤りを覚えた。

通達が不当なものだと真剣に考えぬいた自分が、逆に処分される。この理不尽さに対して、耐えがたい屈辱感を感じる。それだけでなく、孤立感も深くなり、夢のなかで自分が糾弾される夢を見たりしている。自分ひとりのために管理職も研修させられ、そういった非難が聞こえてくるようにも感じている。人に負い目をもたないように生きてきた律儀な彼にとって、正当な行為であっても人に負担をかけたことが、負い目になっている。とりわけ再発防止研修のときは、まったく眠れなくなり、眠るために酒の量が二倍になったが、それでも眠れない。昼は眠くなる。研修をつうじて、「心を入れかえろ」と迫られるだろうことについて、怒りと恐怖感に直面していた。

このころから、はっきりとした症状があらわれる。仕事への意欲が減退していき、昼間ぼうっとして、自分のなかで生徒の存在が薄くなったように感じられる。生徒に直接、働きかけている実感がなくなっていき、生徒とのあいだに距離感が感じられるようになった。これは、現実感の喪失、離人症のひとつである。嫌なことをさせられている自分を遠くで見ている自分がいる。同じように、まわりの生徒たちが遠くに見えるようになっている。そのため、本気になって生徒に注意すること

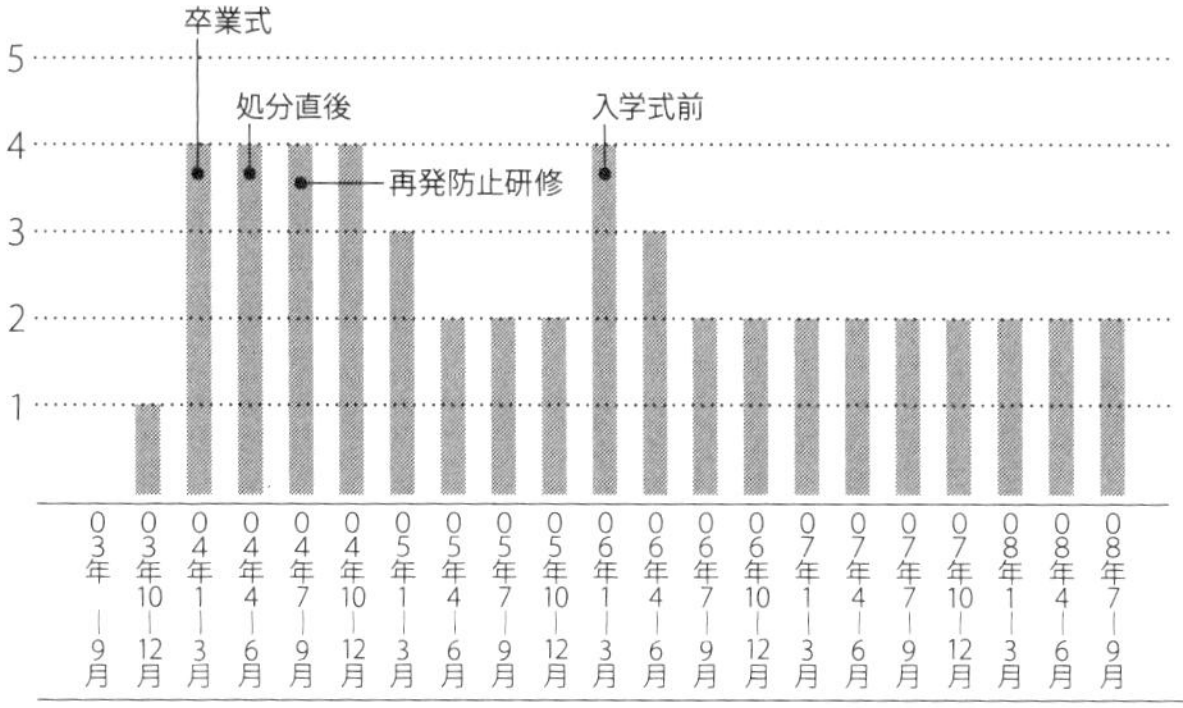

✦渡辺学さんの精神的負荷

がなくなっているのに気づくようになった。

彼は大変、記憶力のよい教師であるが、生徒の顔や名前が浮かんでこないように感じられ、苦しんでいる。本当に浮かんでこないのではないであろうが、現実感が喪失しているため、主観的に名前と顔が浮かんでこないように感じ、苦しんでいる。

それから、新しい学校に異動になって以降、最初は入学式などに休暇をとり、つぎに式に出席した際には、これ以上、経済的損失をこうむることはできないと考え起立した。しかし、これは彼にとって強い自責感となっている。考えを変えたわけではなく、もう思考を停止して生きていくほかないとまで思うようになった。自覚的負荷は図のように、二〇〇四年一月より十二月まで、そして二〇〇六年一月から三月まで「いつも思い出し、うっとうしい」状態になっている。整理し、理知的に割りきることができる性格なので、なんとか自己抑制しているが、それ以外の時期も持続して負荷が加わり、「思い出したくないが、何度となく思い出す」精神状態から逃げられずにいる。

まとめると身体化された症状としては、不眠（入眠障害、浅眠）、そして強い自責観に基づく悪夢。感情的には統合されており、自己抑制が強いので、怒りがあるがおもてに表すことはない。感情の抑制がみられ、意欲の低下がみられる。

現実感の喪失というかたちで、すべて隔絶してものを見るようになっており、これが教師としての意欲の低下につながっており、その自覚からさらに自責感が強くなっている。

君が代処分の教師像

どんな教師が立てなかったのか

「10・23通達」に直面した個々の先生たちの外にあらわれた行動は、何かに抗議して起こした行動というよりは、立とうにも立てない、その結果座っていた、と言うしかない。なぜ彼らの行動がそうなるのか、考えなければならない。

教師になった人の大半はおおむね、経済的に豊かであったかどうかは別にして、環境の整った家庭に育ち、父母に将来を期待され、その期待に応えて教師になっていった人びとが多い。彼らはみずからが教師になるまでに学び培ってきた教科教育の知識を若者に伝え、若者が現代社会で生きていくうえでの基礎にしてほしいと願って、教師になっている。しかし、そんな彼らが現場に配属されてまず驚くのは、子どもの環境の多様性、そしてその多様性ゆえに生じる指導の困難、である。その事実を、教育現場の外から学校を論じている人びとはほとんど知らない。

子どもを仮に、育ってきた家庭環境（家庭状況や経済状況や地域性）という観点と、彼らが個体として有している身体的・精神的能力という観点のふたつの軸から類型化した場合、つぎの四つに分けることができるだろう。

（1）育ってきた環境に恵まれ、かつ個体としての能力にすぐれた子ども。
（2）環境には恵まれていないが、個体としての能力にすぐれた子ども。
（3）環境には恵まれているが、個体としての能力に劣る子ども。
（4）環境にも恵まれず、かつ個体としての能力に劣る子ども。

教師になった人のなかには、上記の（1）の類型、すなわち、育ってきた環境に恵まれ、かつ個体としての能力にすぐれた子どもに関心をもつ、先生もいるだろう。

また（2）のような、環境には恵まれていないが、個体としての能力にすぐれた子どもを教育の場で支え、彼らを期待されるような人間として社会に送りだしていくことをみずからの使命とする、先生もいるだろう。

あるいは（3）のように、環境には恵まれているが、個体としての能力に劣る子どもに接し、親の過剰な期待に応えるかたちで彼らを見守っていく、先生もいるだろう。

では（4）の類型、すなわち、環境にも恵まれず、かつ個体としての能力にも劣る子どもについて、学校教育は何をしてきたか。教師の側の意識を歴史的にみてみよう。

戦前から戦後にかけて教師になった、社会が貧しかったころの先生は、環境は悪くとも才能豊かな子を教えることに意味を見いだしていた先生が多かった、と聞く。時代は移り、戦後の民主的社会においては、才能に恵まれない、あるいは障害をもった子どもに対して、少なからぬ教師たちが関心を示すようになった。それは、すべての子どもに可能性を見いだし彼らに教育の機会を与えること、またそのような教師の姿をほかの子どもたちも見守っていること、そのことが民主的社会の基礎であると、教師自身が考えたからである。

本書において式典で起立し斉唱することができなかった先生に特徴的なこととして、この（4）のカテゴリー、すなわち、育ってきた環境にも恵まれず、かつ個体としての能力に劣る子どもに深く関わっていることが挙げられる。自分はすくすくと恵まれた環境のなかで育ってきたのだが、そうでない子どもに出会うことで、彼らは教師という職業に使命を感じる契機としている。

現在、問題となっている社会的格差は、すでに一九八〇年代から、子どもが成育する環境において進行してきた。恵まれない環境におかれたため、それぞれの能力の発達を阻害されてきた子どもが増えてきた。そのような子どもと出会い、彼らとの全人格的接触のなかで教育観をつくっていった先生たちが、式典で起立できなかった教師となっている。

彼らはこういった出会いを定時制課程の高校や、養護学校（現・特別支援学校）や、農業・工業・

商業等の職業課程の学校においてもち、それらの現場に特有の勤務をとおして、みずからの新しい教育観をつくりかえていったのである。子どもたちを、社会的に有用かどうかという観点で見るのではなく、彼らの個々の可能性を認めることが対等な人間関係をつくると気づいた先生が少なくない。そういった先生たちが「10・23通達」に直面したのである。

君が代症候群

このような教師たちにとって「10・23通達」は、国旗・国歌が戦前の侵略戦争の手段であったからとか、個人的な思想、たとえばキリスト教を信仰している人が信仰上の理由で受けいれることができないといった個別の問題を超え、教師の職業倫理と教育の本質的問題にかかわるものである。「10・23通達」は、先にも述べた教師としての成熟のプロセス、および倫理観の形成を上からの権力をもって否定したものである、ということができる。

通達が求めていることは、教育は国家の主導のもとに儀式として整然とおこなえと命じ、儀式に参加する人びとの従順の度合いによって国家が彼らを価値づける、というやり方である。このような上から人間を見る人間観は、一九七〇年代から教師たちがつくりあげてきた職業倫理を全面的に否定するものである。

起立できなかった先生たちの多くは年配の先生、私が話を聴き取った人では、若くても四十代半ばであった。彼らが教職を志しその職に就いたとき、教育基本法に則って、子どもの人格の完成に参与していくことが教育の目的であると固く信じ、教職に就いていた。初心と努力、構築してきた教育観がここで全面的に否定され、彼らは強い葛藤に直面したのである。

他方、若い先生たちの多くは、彼らがなぜそのような葛藤を抱くのか理解できない。先輩の教師が到達した教育者としてのめざめや、教育者としての成熟を得るに至っていないからだ。そして彼らは教育業務の断片化、多忙化のなかで、教育者としてもっとも大切な上記の過程をたどらないまま、歳をとっていく可能性が高い。

起立できなかった先生方の多くは、教科教育に費やす労力をはるかに超えて、生徒との人格的ぶつかりあいに打ち込み、それによって子どもに影響をおよぼし、子どもの可能性を引きだしてきた。それゆえに、「10・23通達」と、それとともに進む企業経営的な上からの教育観、教師は部分的な役割を果たせばよい、学校の管理は上からする、といった考え方で学校現場が変えられていくとき、公教育は成り立たなくなるという強い危機感を抱いている。

これはもはや、国歌の斉唱時に立つか、立たないか、といったレベルの問題にとどまらない。教育の基本が否定されていることに彼らは強い怒りをおぼえ、その怒りが社会に理解されないこと、怒りをあらわにすれば処分されていくこと。否、処分だけではない、みずからの精神の転向を迫られること。処分されることで収入が減っていくこと、そして最終的には解雇の脅しが加わっていくこと、そういったことが複合して葛藤状況に立たされている。

彼らの身体化された症状は、『子どもが見ている背中』(岩波書店)に書いてあるように、つぎのようにまとめられる。

1――身体化された症状
とくに消化器の症状がめだつ。不快なものを無理やり飲まされる、強制される、体のなかに突き込まれることからくる、どうしようもない吐き気や嘔吐。胃腸の重い感じや痛み。下痢と便秘が交代する過敏症状。食欲不振。

胸部の圧迫感。頻脈、不整脈などによる心臓の不快感。

頭重感、頭痛。全身の気怠《けだる》さ。肩の痛み。腰痛。

ときに手のふるえ(とくに伴奏を強制された音楽教師)、手のこわばり。歩行障害。

不眠。悪夢。夜驚《やきょう》。

2――感情の不安定
慢性的な感情の制御困難。怒り。自責感。自己破壊的なイメージに満たされ、死を思ったりする。泣きやすくなる。校長や教育委員会に苛《いじ》められている場面がフラッシュ・バックして苦しむ。

3—抑うつ
意欲の低下。空虚感。焦燥。感情の抑制。

4—自己像の変化
同僚との交流をひかえる傾向。恥辱感。絶望感。自分は無用な人間だという感覚。とり返しのつかない被害の感覚。これまで自分を支えていた意味や使命の喪失感。とりわけ生徒たちへの罪悪感。将来への不安など。

これらは一過性の急性のストレス障害ではない。特異的な、「君が代症候群」と呼んでさしつかえのない、持続した負荷である。しかもこの持続した負荷は、行動の強制を伴うだけでなく、内面的な職業倫理を理不尽に否定する負荷である。そのうえ、それを否定している人びとは、およそ教育に関して知識がない人、考えたこともない人、子どもとの真の出会いを体験したことのない人、あるいは権力に対して追随しているだけの人である。そのような人びとによって、この負荷がかけられている。この理不尽は、渦になって、良心の教師を絶望に追い込んでいる。

このような持続する負荷は、耐えることが大変つらい。一過性の急激な負荷ではないことから、その苦しさを本人も計りかねている。しかし、持続する負荷は、とくに年度末から春先までの式典挙行前後になると強くなり、それがいったん少し弱まったあとに、また一年後に同じような強い負荷となって襲ってくる。このような苦痛と葛藤のくり返しは、彼らの精神を疲憊《ひはい》させている。

本書に報告した先生たちに共通した負荷は、二〇〇三年十月の「10・23通達」前後の一過性のものではない。その後の卒業式・入学式ごとに、持続して現れていることが、つぎのグラフで読みとれる。

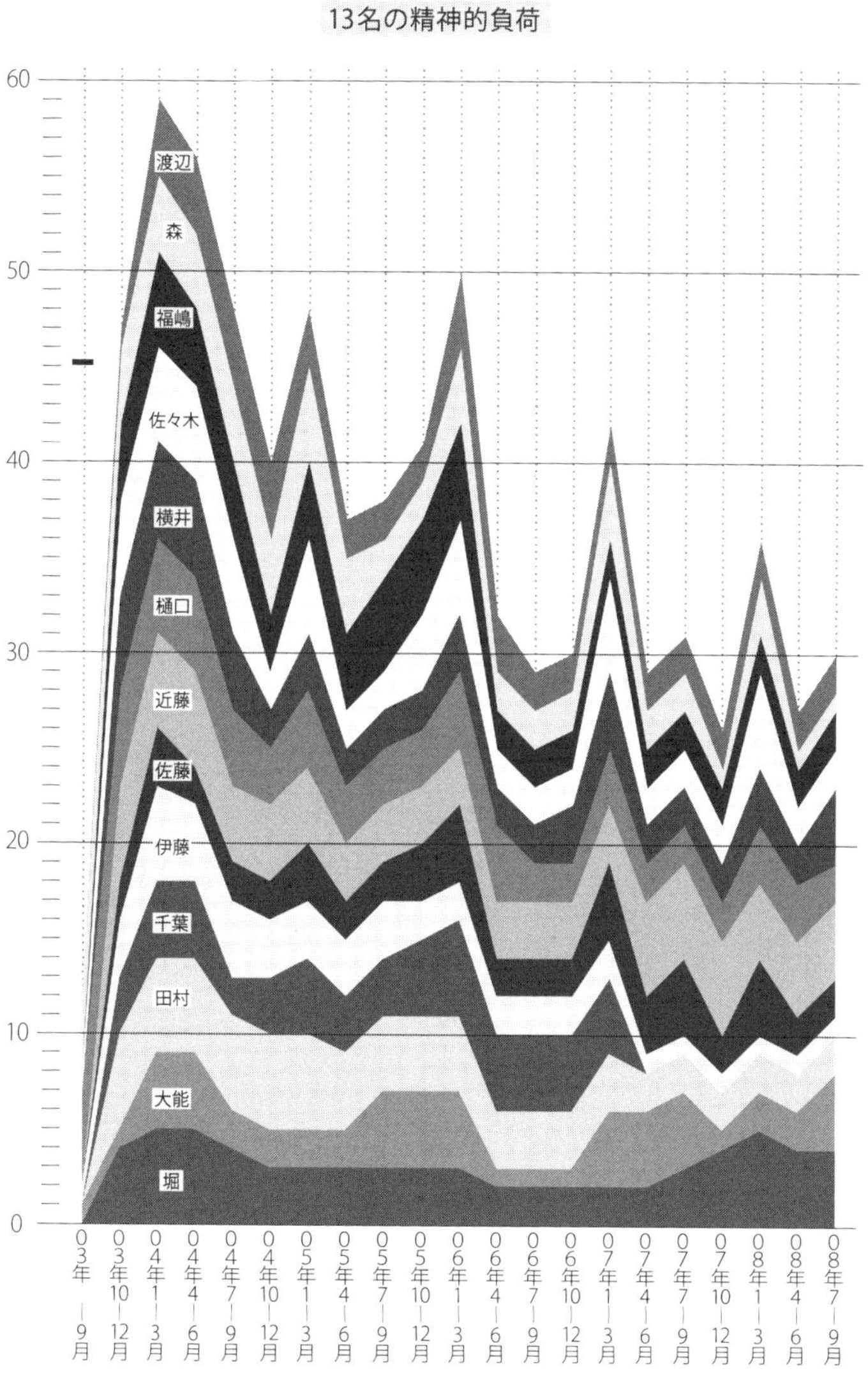
13名の精神的負荷
60
50
40
30
20
10
0
渡辺
森
福嶋
佐々木
横井
樋口
近藤
佐藤
伊藤
千葉
田村
大能
堀
03年7-9月
03年10-12月
04年1-3月
04年4-6月
04年7-9月
04年10-12月
05年1-3月
05年4-6月
05年7-9月
05年10-12月
06年1-3月
06年4-6月
06年7-9月
06年10-12月
07年1-3月
07年4-6月
07年7-9月
07年10-12月
08年1-3月
08年4-6月
08年7-9月

あとがき

本書は、太郎次郎社エディタスの北山理子さんの提案で出版されることになった。編集は同社の漆谷伸人さんが担当した。十三人の先生のうち、高等学校の現職にある関係から、本名を出せなかった方もいる。

面接を支えてくださった澤藤統一郎、白井剣、平松真二郎弁護士に記して感謝する。とりわけ「被処分者の会」事務局の平田泉さんは、意見書作成、そして本書の完成までを労をいとわずたずさわってくださった。心から感謝する。

二〇〇九年九月

著者

「君が代強制」関連年表

作成協力：「日の丸・君が代」不当処分撤回を求める被処分者の会

年	月日	東京都・都教委の動き（太字は国や他県の動き）	教職員らの動き
1989	3月	**高等学校学習指導要領を改訂。国旗掲揚・国歌斉唱の強制が強まる**	
1996	11月22日		不起立を理由として戒告などの処分を受けた福岡県北九州市の市立学校教職員一七名（のちに一九名）が、北九州市・同市教委に対し、処分の取り消しを求める「学校現場に内心の自由を求め、『君が代』強制を憲法に問う裁判」（北九州ココロ裁判）を提訴
1998	3月26日	都立学校等あり方検討委員会が報告書を東京都教育長に提出	
	7月17日	「東京都公立学校の管理運営に関する規則」を改定。企画調整会議の設置を義務づける	
	9月	都立および都内の区市町村立学校教員を対象とする定期異動実施要綱を改定（適用は一九九九年四月より）	
1999	2月28日	**広島県立世羅高校の校長、石川敏浩さんが、県教委の強要に追いつめられ、自殺**	この年以降、教育委員会による国旗・国歌の実施指導が強まるが、多くの学校では式典時に「内心の自由」についての説明がおこなわれていた
	4月11日	石原慎太郎氏が東京都知事に	
	6月29日	**衆議院本会議において、小渕恵三首相が、「政府といたしましては、国旗・国歌の法制化に当たり、国旗の掲揚に関し義務づけなどを行うことは考えておりません」と答弁**	
	8月13日	**「国旗及び国歌に関する法律」（国旗・国歌法）を公布・施行**	
	9月17日	**文部省が全国の教育委員会に「学校における国旗及び国歌に関する指導について」を通知。九九年の卒業式・入学式での国旗掲揚・国歌斉唱の実施状況について、全国調査の結果を報告し、指導の徹底を求める**	

年	月日	事項	
2000	4月1日	人事考課制度を導入	
	6月2日	**文部省が前年に続き、「学校における国旗及び国歌に関する指導について」を通知。さらなる指導の徹底を求める**	
2002	1月		君が代の伴奏拒否を理由として戒告処分を受けた東京都日野市立南平小学校の音楽科教師、福岡陽子さんが、東京地裁に「ピアノ伴奏拒否訴訟」（ピアノ裁判）を提訴
2003	3月9日	**広島県尾道市立小学校の民間人校長、慶徳和宏さんが、学校経営の複雑さに悩んで自殺。慶徳さんは県教委に抑うつ状態の診断書とともに休暇願いを提出したが認められなかった**	
	4月10日	教育委員会定例会において、教育委員らが、「卒業式・入学式での国旗・国歌の扱いについて校名公表せよ」「強制はしないという政府答弁から始まっている混乱」「だから政府答弁が間違っているのです」などと発言	
	4月13日	石原都知事が再選	
	7月2日	都議会において、土屋敬之都議が都立七生養護学校の性教育「こころとからだの学習」の内容を問題視する発言をおこなう	
	7月4日	土屋敬之、古賀俊昭、田代博嗣都議が産経新聞記者らとともに七生養護学校に調査に入る。以降、教材の没収、教師の大量異動など、同校への介入が始まる	
	7月8日	都教委が「都立学校等卒業式・入学式対策本部」を設置	
	7月	定期異動実施要綱を再改定（適用は〇四年四月より）	
	2学期以降	都立学校の教員に対して、授業の「週案」と「使用プリント」の提出を義務づける	
	10月23日	都立高校長、都立盲・ろう・養護学校長に「入学式、卒業式等における国旗掲揚及び国歌斉唱の実施について」（10・23通達）を通達	

12月3日		ピアノ裁判、東京高裁で敗訴（控訴）
2004		
1月30日		二二八名の東京都立学校教職員が、東京都・都教委に対し、君が代の起立斉唱・ピアノ伴奏をおこなわないことを理由とする処分を事前に差し止める「国歌斉唱義務不存在確認等訴訟」（予防訴訟）を提訴
3月11日	高校教育指導課長名の通知が都立高校長へ出される。「不起立を促すような不適切な指導を行わないこと」と、生徒への指導に言及。	都立板橋高校元教員の藤田勝久さんが、来賓として出席していた同校の卒業式において、「今年の卒業式では、教員は国歌斉唱の際に起立しないと処分されます。ご理解願って、国歌斉唱のとき、できたら着席願います」と保護者に話しかける
4月8日・9日	全都教育施策連絡会議において、君が代強制をめぐり、石原都知事が「やがて他府県も東京にならう」、鳥海巌教育委員が「ガンは徹底的に取り除かないと禍根を残す」などと発言	
5月27日		予防訴訟の第二次提訴。一一七名の教職員が原告団に加わる
6月8日	都議会において、土屋都議と横山洋吉教育長が不起立処分について、さらに徹底すべきと発言	
6月17日		不起立を理由として再雇用合格・講師任用・再雇用更新を取り消された東京都教員九名（のちに一〇名）が、東京都に対し、取り消し撤回を求める「再雇用職員・講師地位確認等請求訴訟」（「君が代」解雇裁判）を提訴
7月7日		ピアノ裁判、東京高裁で敗訴（上告）
8月	服務事故再発防止研修（基本――戒告・専門――減給以上）が実施される	
11月19日	○三年度卒業式・○四年度入学式での不起立を理由に、都内公立学校の教職員二三三名を処分（戒告・減給）。加えて、「不適切な指導」をおこなったとして、六名を「厳重注意」、一八	予防訴訟の第三次提訴。一五名の教職員が原告団に加わる

年	月日		
		名を「注意」、四三名を「指導」とする	
	12月3日	東京地検、藤田勝久さんを「威力業務妨害」容疑で起訴	
2005	4月26日		北九州ココロ裁判、一部勝訴（控訴）
	5月12日		七生養護学校の教員ら三一名（うち保護者二名）が東京都・都教委・三都議（土屋、古賀、田代都議）・産経新聞社に対し、「こころとからだの学習裁判」（ここから裁判）を提訴
	5月27日		予防訴訟の第四次提訴。四三名の教職員が原告団に加わる。原告計四〇三名。
	7月・9月	服務事故再発防止研修（基本・専門）が実施される	
	7月27日		神奈川県立学校の教職員一〇七名が、国旗・国歌に対する忠誠義務（国旗に対して起立し、国歌を唱和する義務）の不存在確認を請求する「神奈川こころの自由裁判」を提訴
	8月2日		不起立による処分を理由として嘱託不採用となった教員五名（のちに一三名）、東京都に対し、不採用撤回を求め「嘱託不採用拒否撤回裁判」を提訴
		○四年度卒業式・○五年度入学式での不起立を理由に、都内公立学校の教職員六三名を処分（戒告・減給・停職）。二名を「厳重注意」、三名を「指導」とする。	
2006	4月13日	「学校経営の適正化について」（4・13通知）を通知。職員会議における挙手採決が禁止される	
	5月30日		藤田さんに罰金二〇万円の有罪判決（控訴審も同判決を支持、藤田さんは上告し、審理中）
	7月・9月	服務事故再発防止研修（基本・専門）が実施される	
	9月21日		予防訴訟、勝訴。式典における君が代の起立斉唱・ピアノ伴奏の義務は存在しないことが確認される（東京都・都教委は控訴。審理中）

	12月15日	改定教育基本法を公布・施行	
2007		○五年度卒業式・○六年度入学式での不起立を理由に、都内公立学校の教職員三八名を処分（戒告・減給・停職）	
	2月9日		不起立を理由として○四年に処分された東京都教職員一七三名が、東京都に対し、処分の取り消しを求める「東京『日の丸・君が代』処分取消訴訟」（東京「君が代」裁判）を提訴
	2月27日		ピアノ裁判、最高裁で敗訴
	4月8日	石原都知事が三選	
	6月20日		「君が代」解雇裁判、敗訴（控訴、結審）
	7月・9月	服務事故再発防止研修（基本・専門）が実施される	
	9月21日		東京都教職員六七名が東京「君が代」裁判、第二次提訴（審理中）
2008		○六年度卒業式・○七年度入学式での不起立を理由に、都内公立学校の教職員四二名を処分（戒告・減給・停職）	
	2月7日		嘱託不採用拒否撤回裁判、勝訴（東京都は控訴。結審）
	7月22日	服務事故再発防止研修（全体・個別）が実施される	
	12月5日		北九州ココロ裁判、敗訴（上告、審理中）
2009		○七年度卒業式・○八年度入学式での不起立を理由に、都内公立学校の教職員二三名を処分（戒告・減給・停職）	
	3月12日		ここから裁判、勝訴（東京都・都教委は控訴。原告も控訴し、審理中）
	3月26日		東京「君が代」裁判（第一次訴訟）、敗訴（控訴、審理中）
	7月16日		神奈川こころの自由裁判、敗訴（控訴、審理中）
	7月21日	服務事故再発防止研修（全体・個別）が実施される	
	9月29日		東京都教員二五名が嘱託不採用拒否撤回裁判、第二次提訴
		○八年度卒業式・○九年度入学式での不起立を理由に、都内公立学校の教職員一三名を処分（戒告・減給・停職）	

野田正彰（のだ・まさあき）
一九四四年、高知県生まれ。長浜赤十字病院精神科部長、神戸市外国語大学教授などを経て、現在、関西学院大学教授。専攻は比較文化精神医学。
一九九九年二月の広島県立世羅高校長の自殺についての検証をきっかけに、君が代強制に苦しむ教師たちの精神医学にかかわる。
著書に、『虜囚の記憶』（みすず書房）、『子どもが見ている背中』（岩波書店）、『この社会の歪みについて』（ユビキタスタジオ）、『させられる教育』（岩波書店）、『戦争と罪責』（同）、『喪の途上にて』（同、講談社ノンフィクション賞）、『コンピュータ新人類の研究』（文藝春秋、大宅壮一ノンフィクション賞）など多数。

教師は二度、教師になる

君が代処分で喪《うしな》ったもの

2009年11月10日　初版印刷
2009年11月20日　初版発行

著　者——野田正彰

装　幀——臼井新太郎
装　画——北原明日香
発行所——株式会社太郎次郎社エディタス
東京都文京区本郷 4-3-4-3F　郵便番号 113-0033
電話 03-3815-0605
http://www.tarojiro.co.jp/
電子メール　tarojiro@tarojiro.co.jp

印　刷——厚徳社
製　本——難波製本
定　価——カバーに表示してあります

ISBN978-4-8118-0733-1　C0037

●本のご案内●　　　　太郎次郎社エディタス

学校でこそできることとは、なんだろうか

里見実●著

子どもたちが集まって、ひとつの事柄を、協働的に、持続的に、かつ知的に追究できる場として、学校以外に現在、どのような場があるだろうか。学校のもつこのメリットをどう生かしていけるかを、私たちはポジティブに追究していかなければならない。「人として育つ」ための学びへ。……●四六判上製・二一六ページ●二四〇〇円＋税

学びの身体技法

佐藤 学●著

子ども・若者をめぐる身体論、学びにおける身体と言葉、「学力」から「学び」への転換、歴史認識の空白、二十一世紀の学校・授業改革をどうしたらよいか……。現代の学校の危機を超え、教育のパラダイムを決定的に転換する多様な方途を指ししめす本。……●四六判上製・二〇〇ページ●二〇〇〇円＋税

あきらめない教師たちのリアル

ウェンディ・ウォラス●著　藤本 卓●訳

ロンドン都心裏、公立小学校の日々●全国学力テスト、成績ランク公開、学校監査……。そのプレッシャーのもと、子育てに困難を抱える貧困地域で、子どもたちの「ライフ・チャンス」を広げるために学校は奮闘し、確かな実績をあげる。教職員たちの日常を描くイギリス教育現場の実像。……●四六判並製・二八八ページ●二二〇〇円＋税

「ホームレス」襲撃事件と子どもたち

北村年子●著

いじめの連鎖を断つために●「道頓堀事件」から十四年。子どもたちによる「ホームレス」襲撃はやまない。襲う側と襲われる側の双方に深くかかわり、ときに命さえ奪う弱者嫌悪の根源に迫ったルポ。前著に、この十年の事件と教育現場での新たな取り組みを大幅加筆した完全保存版。……●四六判並製・四三二ページ●二二〇〇円＋税